21 DE ABRIL DE 1960

BRASÍLIA – A NOVA CAPITAL

RUPTURAS

21 DE ABRIL DE 1960
BRASÍLIA – A NOVA CAPITAL

Nadir Domingues Mendonça

Coordenadora da série
Maria Luiza Tucci Carneiro

© Companhia Editora Nacional, 2007
© Lazuli Editora, 2007

diretor editorial Miguel de Almeida
editora Luciana Miranda Penna
diretor de arte Werner Schulz
diagramação Eduardo Burato
revisão Elaine Ferrari
Maya Oliveira

diretor editorial Antonio Nicolau Youssef
gerente editorial Sergio Alves

Dados Internacionais de Catalogação na Publicação (CIP)
(Câmara Brasileira do Livro, SP, Brasil)

Mendonça, Nadir Domingues
  21 de abril de 1960 : nasce Brasília, a nova
capital do Brasil / Nadir Domingues Mendonça. --
São Paulo : Companhia Editora Nacional :
Lazuli Editora, 2007. -- (Série rupturas /
coordenadora Maria Luiza Tucci Carneiro)

Bibliografia.
  ISBN 978-85-04-01109-8 (Companhia Editora
Nacional)

  1. Brasil - História 2. Brasília (DF) -
História I. Carneiro, Maria Luiza Tucci.
II. Título. III. Título: Nasce Brasília, a nova
capital do Brasil. IV. Série.

07-0996   CDD-981.74

Índices para catálogo sistemático:
  1. Brasília : Distrito Federal : História
981.74

Todos os direitos reservados

1ª edição
São Paulo — 2007

Av. Alexandre Mackenzie, 619 • Jaguaré • São Paulo • SP • 05322-000
Tel.: (11) 6099-7799   www.ibep-nacional.com.br   editoras@ibep-nacional.com.br

A **SÉRIE LAZULI RUPTURAS** vem incentivar o debate sobre fatos históricos que alteraram os rumos da Humanidade ou de um povo, em particular. Fatos que se tornaram referência, uma espécie de baliza de um novo tempo. Fatos que, constantemente, são lembrados e (re)memorados por terem causado uma reviravolta no cotidiano desta ou daquela sociedade, alterando a ordem universal. Esta questão, necessariamente, nos instiga a repensar a memória histórica e a indagar: qual é a versão do fato que chega até nós?

Por experiência do passado, sabemos que as tradições podem ser "inventadas", como já ressaltou Eric Hobsbawm. Muitas vezes – pelo distanciamento do fato – recebemos versões distorcidas que, repetidas ao longo dos tempos, tornam-se "verdades absolutas". É quando o dito pelo não-dito se impõe, relegando a um segundo plano os testemunhos oculares. Enfim, nossa história é uma história de muitos silêncios, imagens construídas e versões consolidadas. E, nem sempre, a versão ou a imagem-símbolo que "ficou" é aquela que expressa a verdadeira dimensão do fato acontecido.

São questões como estas que vamos discutir nesta coletânea de títulos direcionados para tempos distintos: o de curta duração, onde tudo oscila a partir de um fato, e o de longa duração modelado pela persistência das representações coletivas. Optamos por temas que causaram alguma perplexidade por expressarem um cisma para o qual não faltam explicações, muitas vezes contraditórias. Daí o nosso foco sobre as revoluções, invenções, golpes políticos, genocídios e guerras. Este leque se abre para múltiplos campos do conhecimento: história, literatura, artes, arquitetura, fotografia, política, economia, música, esporte, legislação, ciência, culinária, entre tantos outros. Alguns mais provocativos, outros mais sedutores. Enfim, estaremos atentos à dinâmica da História, priorizando os sintomas de inércia das sensibilidades, os desvios e as continuidades, os encantos e os desencantos, os momentos de luzes e os tempos sombrios.

Este desafio deve ser compreendido como um despertar para o mundo do conhecimento, voltado para a percepção das conexões e implicações estabelecidas por essas rupturas ao longo da História.

Maria Luiza Tucci Carneiro
Coordenadora da Série

SUMÁRIO

APRESENTAÇÃO	1
A DATA E O FATO	3
IMAGENS E IMAGINÁRIO: DIMENSÕES SIMBÓLICAS	92
CONSIDERAÇÕES FINAIS	109
BIBLIOGRAFIA	111
SOBRE A AUTORA	116

*Deixemos entregues ao esquecimento e ao juízo
da história os que não compreenderam e
não amaram esta obra*

Juscelino Kubitschek de Oliveira, 1960

*Deste Planalto Central, desta solidão que em breve
se transformará em cérebro das altas decisões nacionais,
lanço os olhos mais uma vez sobre o amanhã do meu
país e antevejo esta alvorada, com fé inquebrantável e
uma confiança sem limites no seu grande destino*

Juscelino Kubitschek de Oliveira

APRESENTAÇÃO

As datas inaugurais assumem considerável conteúdo simbólico, se avaliadas como prenúncio de mudanças. A compreensão da fase iniciada com a construção da nova capital federal revelou Brasília como um marco na história do Brasil contemporâneo. A questão que se coloca para análise desdobra-se em quatro perguntas: como Brasília foi pensada e representada por seus artífices e pelos políticos? A construção de uma nova capital federal significou ruptura ou continuidade para o cidadão brasileiro que, desde a vinda da família real para o Brasil (1808), tinha o Rio de Janeiro como centro da vida nacional? Como a imagem de Brasília se fez presente no imaginário coletivo? Como a imagem da "cidade-cérebro das decisões nacionais" foi legitimada pela mídia?

Em busca de respostas para essas questões, num primeiro momento, procura-se, avaliar a data e o fato e, a seguir, as mudanças e as continuidades no rumo político do país, provocadas pela criação de Brasília. Para esta análise leva-se em consideração:

A promoção de uma política de conciliação ideológica com desdobramentos nas áreas social, econômica e cultural – política que agregou, sob o emblema do nacional-desenvolvimentismo, grupos políticos opostos; o simbolismo de Brasília e as mudanças no imaginário coletivo dos brasileiros.

Na primeira parte deste livro, analisam-se o significado da data, a concepção e a construção de Brasília. A seguir discutem-se as rupturas e as continuidades decorrentes da transferência da capital federal do Rio de Janeiro para Brasília. Na seqüência, procuram-se identificar as imagens construídas pelos atores políticos sobre Brasília, e reforçadas pela mídia, bem como se delineia o perfil do imaginário coletivo do povo brasileiro.

A DATA E O FATO

*Quase ninguém acredita no que vê. Os edifícios
quase levitando, o ocaso reverberando nas paredes de vidro.
No meio da confusão, há qualquer coisa desabrochando
com dignidade de rosa. Brasília é o século XXI.*
José Amádio, 7.5.60

Em 21 de abril de 1960, os brasileiros festejaram com sun-
tuosidade a inauguração de Brasília como a nova capital federal, um marco simbólico na história do Brasil contemporâneo.
Nessa data, a imprensa nacional e a internacional veicularam
conteúdos que, sem dúvida, interferiram no imaginário coletivo brasileiro. As mensagens jornalísticas no dia da inauguração da nova capital do Brasil apresentam, num tom de exaltação nacional, o início de uma nova era. Os registros publi-
cados nos jornais da grande imprensa e nas revistas ilustradas
sugerem um sistema coerente de representações. De um lado,
reproduzem significados presentes no imaginário social do
país; de outro, difundem e reelaboram as representações do
próprio fato.

Os termos empregados pelos profissionais da grande imprensa manifestam o universo político idealizado sobre a era

JK (1956-1961). Os conceitos foram definidos e organizados em torno de um núcleo central que dá unidade ao campo de representação: o significado de Brasília. Noções de otimismo, milagre, progresso, modernidade, fé, coragem anunciam as transformações dimensionadas pelo emprego de expressões adjetivadas: "ritmo impressionante da construção de Brasília", "vitória do mundo moderno", "JK conseguiu fazer o milagre da transferência", "o milagre da fé inquebrantável e da confiança sem limites", "Brasília é o milagre do século e um prenúncio de paz e prosperidade para a maior nação sul-americana", "Símbolo do progresso: Brasília", "É a cidade do ano 2000", "a maior realização do século", "Brasília: sentido de um Brasil novo".

De certo modo, deter o controle do fluxo de informações veiculadas, numa dada sociedade, corresponde a exercer o controle da geração do imaginário social. Para se compreender o impacto causado pela construção de Brasília no imaginário social brasileiro é necessário, em primeiro lugar, conhecer as informações veiculadas pelos meios de comunicação de massa que, na época, atuavam como mediadores entre o Estado e o povo brasileiro. Faz-se necessário considerar que o "controle dos conteúdos simbólicos circulantes de determinada sociedade em determinada época sempre foi do interesse dos dirigentes do período". Cabe ainda notar que não são ignoradas "as ligações entre as grandes indústrias da comunicação e o poder econômico dominante" (GUARESCHI, 2000:43).

O controle dos meios de comunicação e do fluxo de conteúdos simbólicos atua como um instrumento de poder e, portanto, seus detentores possuem a capacidade de controlar a hegemonia ideológica e política. A mídia é um instrumento de criação da realidade. Por extensão, ao se falar da influência da comunicação numa dada sociedade, está se falando de opinião pública, no sentido do que a maioria da população gosta, julga em relação a assuntos de relevância nacional ou global.

No dia da inauguração de Brasília, as páginas dos jornais nacionais foram dedicadas ao grande evento. Relatam que, à zero hora do dia 21 de abril, o povo saudou com entusiasmo o nascimento da nova capital brasileira, participando das manifestações promovidas em todo o país em regozijo pelo acontecimento. Em diversas cidades, grande massa popular assistiu a espetáculos de queima de fogos, repicar de sinos, salvas de artilharias, retretas de bandas nas praças.

Como exemplo, aponta-se aqui matéria publicada pelo *Diário do Paraná*, em 21 de abril de 1960, referindo-se aos "badalos e apitos" emitidos por Curitiba, capital do Paraná, que também saudou o renascer do Brasil. Além de expressar o envolvimento da indústria local, o texto registra o prestígio e a autoridade moral desfrutados pela Igreja Católica, em relação ao poder político: "Sinos de igrejas e apitos de fábricas 'o renascimento do Brasil', atendendo as solicitações do DP que procurou estimular ao máximo possível a comemoração do nascimento de Brasília como Capital da República. Nas ruas centrais da cidade, o povo queimou fogos e deu vivas ao acontecimento histórico. Businas de automóveis, sirenes e apitos... (...) Uma multidão de muitos milhares de pessoas de todas as condições sociais está concentrada, acotovelando-se na Praça dos Três Poderes, apreciando os majestosos edifícios dos poderes Legislativo,

Executivo e Judiciário, que estão iluminados. O tráfego naquela parte da nova capital se apresenta engarrafado. Além da multidão de automóveis de todos os feitios, casas-reboque e até carroças estão paradas. À espera da missa pontifical que ali será celebrada. Às primeiras horas da noite, populares entusiasmados entoando cantigas e improvisando danças, começaram a armar na própria Praça dos Três Poderes os seus acampamentos para que possam ali passar a noite histórica e aguardar a chegada da aurora de 21 de abril, data da instalação oficial de Brasília" (Agência Meridional, *Diário do Paraná*, 21.4.1960, p. 6).

Sob o título "O milagre da fé inquebrantável e da confiança sem limites", a *Gazeta do Povo*, periódico curitibano, comentou o "redescobrimento" refletido no brilho da festa oficial: "O Brasil se redescobriu nos reflexos de Brasília. A nova capital

Queima de fogos de artifício na inauguração. (Reprodução de páginas da revista *Manchete*, 7 de maio, 1960)

não é apenas uma imposição constitucional que se cumpre, mas uma necessidade comum de um povo que passou a reconhecer em si a capacidade para realizar e traça agora, com segurança e audácia, as perspectivas de uma notável civilização tropical. O Brasil vibra em festa com a centralização de seu sistema nervoso no Planalto Central. Simbolizando a unidade nacional, Brasília é o milagre do século e um prenúncio de paz e prosperidade para a maior nação sul-americana" (*Gazeta do Povo*, de Curitiba, 21.4.1960, p. 6).

A intenção era relacionar a construção de Brasília a um recomeço, a um novo descobrimento. O texto remete para a imagem de um povo com capacidade de traçar o próprio destino. Mais ainda, não basta ser um povo com capacidade, mas chegar a "uma notável civilização". Brasília projetava-se como símbolo de união e de prosperidade. Um milagre, uma obra supra-humana. O propósito maior era despertar um sentimento nacionalista que provocasse a admiração do povo pelo seu país.

Os jornais do dia 21 de abril deixam perceber as forças que conduziam o ato da inauguração de Brasília, evidenciadas e reforçadas pela mídia em perfeita comunhão com o Estado, a Igreja Católica e as empresas internacionais aqui estabelecidas. Em edição extra do *Diário do Paraná*, com o título "Brasília nasceu como Salvador há 400 anos. Com a bênção da Igreja", registrou-se a celebração de uma missa, além da mensagem do papa João XXIII, ouvida a um minuto do dia – através da Rádio do Vaticano, o Sumo Pontífice abençoava, "em nome de Deus", a nova capital.

A Willys, renomada empresa automobilística, também se pronunciou a favor da mudança da capital federal, comparada ao "sonho de modernos bandeirantes", então uma realidade. "É uma vitória dos brasileiros. É o início de uma nova era para o nosso país. Nessa extraordinária conquista, o Jeep Willys – hoje praticamente 100% nacional – desempenhou importante papel." Orgulhosa de suas conquistas, transformou seu pronunciamento em uma propaganda comercial: "A Fábrica Nacional de Motores S.A. se orgulha de apresentar o melhor carro do Brasil rodando nas estradas nacionais. FNM – 2000 modelo JK (Alfa Romeo)".

Em sintonização com esses discursos, o ato inaugural de Brasília foi marcado pela imagem dos novos símbolos. Considere-se este cenário: "Na praça dos Três Poderes estava uma multidão incalculável, quando o presidente Juscelino Kubitschek ali deu entrada à frente de extensa coluna de veículos,

Apresentação da Esquadrilha da Fumaça. (Reprodução de páginas da revista *Manchete*, 7 de maio, 1960)

todos de fabricação nacional" (*Diário do Paraná*, 21.4.1960, p. 8). Naquela praça, símbolo máximo do poder, concretizava-se a política desenvolvimentista e nacionalista.

Em entrevista à *Manchete* (23 de abril de 1960), o escritor francês, André Malraux, referindo-se ao trabalho de pedreiro, carpinteiro, eletricista, garçom, cozinheiro, perguntou como "os homens que transformaram um planalto deserto na cidade mais comentada do mundo, aprenderam tão rápido? De onde este povo tirou energia, firmeza de vontade e tanta imaginação? Muito aprenderam os europeus com a experiência humana e social que por aqui se vê". Disse, ainda, "que antes de chegar a Brasília, só achava possível um empreendimento destes na União Soviética". Velhos paradigmas serviam para novos empreendimentos, ainda que modelados pelo capitalismo emergente e revestidos da idéia de modernidade.

O periodismo nacional assumiu a missão de divulgar as mensagens endereçadas ao governo brasileiro por diversos governos da Europa e da América, assim como notícias veiculadas em diferentes países. Às nações ditas civilizadas, caberia a legitimação de Brasília na qualidade de nova capital. Em seu conjunto, essas representações estavam em sintonia com o clima de euforia dominante no Brasil e o desejo expresso de uma nação que aspirava ingressar no clube da modernidade.

A manchete "Brasília é uma vitória do mundo moderno" dá título ao editorial de *O Século*, matutino português que não ficou imune aos badalos católicos: "Os sinos das igrejas repicarão aqui amanhã ao meio-dia em honra da inauguração de Brasília, a nova capital brasileira. (...) A decisão das autoridades eclesiásticas de ordenar que toquem seus sinos em Lisboa e Santarém, onde está sepultado o descobridor do Brasil, Pedro Álvares Cabral, é índice de orgulho que sentem os portugueses pelo progresso brasileiro". Na continuidade da notícia, o comentário do jornalista brasileiro enfatiza que *O Século* "destaca o fato da presença do cardeal e recorda também que foi um português quem descobriu o Brasil. O acontecimento representa uma festa da família luso-brasileira – a festa é de grande ressonância internacional porque mostra o desenvolvimento político, econômico e social da que há de ser uma das maiores nações do orbe" (*Diário do Paraná*, 21.4.1960, p. 8).

Tanto lá, como aqui, a intenção era considerar a criação de Brasília como um segundo ato fundador do Brasil. E, nesse empenho, ambos os países reafirmavam os laços históricos da cultura luso-brasileira. Em *O Século*, consta ainda que "Brasília é também um grande triunfo da lusitanidade. Por falta de pessoas não a construíram como era de seus desejos os descobridores do Brasil, porque suas forças foram para ocupação e civilização do imenso território. Mas o que era um sonho brasileiro sempre também foi nosso" (*idem*).

De Paris, um jornal declara que Brasília é a cidade do ano 2000. "Brasília, a capital do espaço. Surgida das terras vermelhas, nasceu em quatro anos uma gigantesca cidade. Pode-se visitar os audazes monumentos da cidade fabulosa e admirar a Praça dos Três Poderes, maior que a Concórdia." De Bonn, o presidente da Alemanha Ocidental, Heinrich Lübke, enviou esse telegrama: "Uma nova época no desenvolvimento do Brasil começa com a transferência da sede do governo ao coração do país. Felicito-o, senhor Presidente, por realizar com vistas ao futuro, com coragem e energia, este passo tão importante para o porvir de sua Pátria. O povo alemão lhe deseja e ao povo brasileiro um formidável desenvolvimento de suas capacidades, para bem de todo o mundo livre" (*idem*).

De Viena, às vésperas da inauguração, anunciava-se que o sino Pummerin, da Catedral de Santo Estêvão, repicaria por Brasília. "O sino, fundido com o metal dos canhões capturados ao exército turco na retirada do século 17, é badalado em raras ocasiões. A cerimônia de amanhã é para render homenagens ao Brasil por sua ajuda para a reconstrução da catedral, danificada durante a última guerra mundial"; "A imprensa internacional dedicou amplas reportagens à inauguração da nova capital"; "Contagia o mundo inteiro o entusiasmo pela Novacap" (*Gazeta do Povo*, 21.4.1960: 4).

As narrativas jornalísticas demonstram como Brasília projetou no exterior a capacidade realizadora do Brasil. Em seu conjunto, ressalta a idéia de que a nova capital ajudaria a redescobrir o Brasil. Brasília dá sentido de um Brasil novo. Pode-se observar que a imprensa nacional, como a internacional, retrata Brasília como a cidade do século, marco de uma nova época, símbolo do progresso.

Concepção de Brasília, a cidade-capital

A idéia de criar uma capital em região central do país teve origem no século 18. Antes da transferência da sede do governo colonial da cidade de Salvador para a do Rio de Janeiro, em 1763, falava-se na necessidade da interiorização da capital.

Atribui-se ao cartógrafo goiano Francisco Tossi Colombina a primazia da idéia. Por volta de 1750, ele "elaborou um mapa de Goiás e das capitanias vizinhas e propôs a construção de uma estrada de carretas de Santos a Boa Vista de Goiás" (*Delta Universal*, n.3:1499). Idéia semelhante foi defendida, no governo de dom José I, pelo marquês de Pombal, representante do iluminismo, com valores e idéias audaciosas para seu tempo.

Por ocasião da Conjuração Mineira, fazia parte do ideário dos conjurados, que pretendiam transferir a capital da colônia do Rio de Janeiro para São João Del Rei. Em 1813, o jornalista Hipólito José da Costa, redator do *Correio Brasiliense*, retoma o sonho dos inconfidentes de transferir a capital do Brasil para o interior, junto às cabeceiras do Rio São Francisco. No início do ano da independência do Brasil, surgiu em Lisboa um livreto, redigido nas cortes, determinando que "no centro do Brasil, entre as nascentes dos confluentes do Paraguai e do Amazonas fundar-se-á a capital do Brasil, com a denominação de Brasília". José Bonifácio, em diversas ocasiões, recomendou a fundação da capital no interior e, em 1823, quando se reunia a Assembléia Nacional Constituinte e Legislativa do Império do Brasil, defendeu a idéia de que se fundasse a capital do Brasil, com a denominação de Petrópole ou Brasília. "A nova capital deveria erguer-se na latitude de 15°, em sítio sadio, ameno, fértil e regado por rio navegável."

Em 1852, o historiador Varnhagen retomou a idéia, revelando-se como seu principal defensor. Em 1877, foi o primeiro a viajar ao Planalto Central para tentar demarcar o ponto ideal. Em 1889, ocorreu a proclamação da República e, no ano de 1891 foi votada a nova Constituição que estabeleceu, em seu artigo 3º, que a capital da nova República deveria ser mudada para o Planalto Central. No ano seguinte, foi criada uma Comissão Exploradora do Planalto Central, que demarcou um quadrilátero de 14.400 km² para nele ser erguida a nova cidade. No centenário da Independência, foi baixado um decreto de que no dia 7 de setembro daquele ano fosse assentada a pedra fundamental da nova capital, na cidade de Planaltina, em Goiás, onde hoje é o perímetro urbano de Brasília.

A Constituição de 1934 manteve a idéia de transferir a capital para o Planalto Central, entretanto, não definiu local nem prazo. A Constituição outorgada de 1937 nem tratou do assunto, dado que ao Estado Novo não interessava a mudança. Assim, no primeiro governo Vargas, apesar da placa do Centenário e de estudos efetuados anteriormente, o local da nova capital voltou a ser indefinido. Em seu segundo governo (1950-1954), o presidente assinou decreto que criou a Comissão de Localização da Nova Capital Federal. Contudo, antes da conclusão dos trabalhos dessa comissão, ocorreu o suicídio de Getúlio Vargas (24 de agosto de 1954).

Desse modo, somente em abril de 1955 começou a se tornar real a idéia da mudança da capital. A Comissão de Localização da Nova Capital optou pelo sítio e definiu o perímetro do futuro distrito federal. Em maio do mesmo ano, o presidente da comissão mandou fincar uma cruz de madeira no ponto mais alto, considerado marco fundamental da cidade. Lá, hoje há uma réplica dessa cruz, na atual Praça do Cruzeiro. A cruz original encontra-se na Catedral Metropolitana, em Brasília.

Em 1956, o presidente Juscelino Kubitschek "aprovou a área e o sítio para a nova capital, propostos pelo relatório Belcher, uma área de 5.789 km², demarcada no centro do Planalto Central do Brasil, assim como a criação da Companhia Urbanizadora da Nova Capital – Novacap, que seria a responsável por todas as providências e encargos da construção da nova capital" (SILVEIRA, 1999:147).

A construção de Brasília: teatralidade do poder

Com a frase "Estou criando hoje o passado de amanhã", Oscar Niemeyer, o arquiteto de Brasília, prenunciou os efeitos de seu arrojado projeto. Juscelino Kubitschek, o idealizador e realizador da moderna capital, abre seu livro *Por Que Construí Brasília*, com o capítulo "Começa o novo Brasil". De início, pergunta "Como nasceu Brasília?". E, de imediato, responde: "Como todas as grandes iniciativas, surgiu quase de um nada. A idéia era antiga, remontando à época da Inconfidência Mineira. (...) No entanto, a despeito dessa prolongada hibernação, nunca aparecera alguém suficientemente audaz para dar-lhe vida e convertê-la em realidade".

"Coube a mim, levar a efeito a audaciosa tarefa. Não só promovi a interiorização da capital, no exíguo período do meu governo, mas, para que essa mudança se processasse em bases sólidas, construí, em pouco mais de três anos, uma metrópole inteira – moderna, urbanisticamente revolucionária" (Kubitschek, 1975:7). Surgiu "quase de um nada", no dizer de JK. O que se pode entender por esse "quase nada"? Entre outros sentidos, pode-se atribuir os de quimera, sonho, utopia, devaneio;

concretamente, pode-se atribuir ao vazio da vasta esplanada. Ao mesmo tempo, Kubitschek diz que era preciso audácia para a construção de uma metrópole moderna e inovadora.

De fato, a idéia de incluir Brasília nos planos do então candidato Juscelino Kubitschek surgiu em um comício, em Jataí (Goiás), de um aparte por um goiano, para saber, se eleito, JK mudaria a capital para o Planalto Central. Nas palavras de Juscelino: "Não hesitei um segundo e respondi com firmeza: 'Acabo de prometer que cumprirei na íntegra a Constituição, e não vejo razão para ignorar esse dispositivo. Durante o meu qüinqüênio, farei a mudança da sede do governo e construirei a nova capital". (KUBITSCHEK, 1976: 367). Com razão, o jornalista Carlos Heitor Cony afirmou que Brasília nasceu de um acaso.

Holanda (2002:284) observa que, em janeiro de 1957, ao início das obras, a futura capital federal, "era um espaço apenas ocupado por fazendas dispersas e por duas pequenas vilas". Entretanto, Steinberger (1999:32-33) chama a atenção de que Brasília é jovem como ambiente construído, território ocupado com a função que tem pela população que o habita. Jovem enquanto *urbe*. Embora, o espaço preexistente, onde o distrito federal se assentou, já fizesse "parte da história do Brasil, pois estava inserido nos denominados ciclos da mineração e da pecuária, dos quais são representantes as cidades remanescentes de Brazlândia, Planaltina e Luziânia. A prova disso é o levantamento do número de fazendas que deveriam ser desapropriadas para formar o território do Distrito Federal". Steinberger ressalta que não se pode partir da idéia do nada, quando se sabe que já existia uma história desse espaço. E mostra a necessidade de se ver Brasília como um aglomerado urbano no contexto histórico mais amplo, sob pena de se perder, "exatamente, a visão de sua especificidade e de seu papel. Papel para o qual ela foi criada e papel que ela efetivamente desempenha no cenário regional, nacional e mundial."

Balandier (1997:243-244) afirma que Brasília, nascida da vontade de um presidente (Kubitschek) e da imaginação de um arquiteto (Niemeyer), "foi concebida como uma cidade fora de medida, totalmente estranha e construída de alguma forma por antecipação. Situa-se em um lugar onde nada existia antes. Foi edificada em quatro anos sobre um espaço vazio, sem ancoragem próxima. Está ligada apenas por uma rede de

Congresso Nacional DF. (Foto: Ricardo Azoury/KeyDisc)

comunicações principalmente aéreas, da qual é o nó. Tem a forma de um gigantesco avião pousado perto de um lago igualmente artificial. Brasília desafia o espaço e o tempo; está dissolvida na vastidão, para ser representativa de um país-continente, vertical sobre um país plano, construída segundo um modernismo que expressa a conquista do futuro, e sempre inacabada, para que este encontre seu lugar."

No decorrer da história, o desejo dos utópicos sempre foi o de construir de outro modo e fazer outra sociedade. "Ao longo dos séculos deixaram descrições de cidades ideais para substituir as cidades reais, imperfeitamente moldadas pelos homens no curso de sua história" (*idem*: 244). Nos países novos em que o crescimento técnico e econômico fez-se retardatário, mas de forma súbita e sem controle, o imaginário construtor traduziu a fuga poderosa para o futuro.

A modernidade, que se configurou na década de 1920, "começa a adquirir visibilidade por obra dos novos arquitetos, inventores de uma vida urbana em ruptura de tradição. Le Corbusier (...) permanece como um dos mais célebres e mais controvertidos. (...) ele propôs um primeiro esboço de 'uma cidade contemporânea de três milhões de habitantes' que, depois de elaborado e transformado, se tornaria o projeto da 'Cidade Radiante'. Ele quer fazer o acordo entre a cidade e o mundo moderno, criar condições de um ordenamento que permitiria o aparecimento de uma sociedade menos desajustada. Para esta finalidade ele impõe a ruptura com a herança histórica; ele a imagina a partir do vazio (como, aliás, será feito em Brasília) tomando como apoio o espaço puro de uma planície perfeita" (*idem*: 245).

Em estudo anterior, Balandier (1982:10-11) sublinhara a teatralidade do poder político, afirmando que suas manifestações não se acomodam bem com a simplicidade. "A grandeza ou a ostentação, a decoração ou o fausto, o cerimonial ou o protocolo geralmente as caracterizam (...) o poderio político não aparece unicamente em circunstâncias excepcionais. Ele se quer inscrito duravelmente, imortalizado em uma matéria imperecível, expresso em criações que manifestem sua 'personalidade' e seu brilho. Ele dirige uma política de lugares e obras monumentais. (...) arranja, modifica e organiza para não ser esquecido e para criar condições para suas comemorações futuras. (...) ele apresenta as provas de sua duração em face dos homens e das gerações que passam, de seus súditos que morrem."

Complementando a análise, o autor refere-se a Brasília: "Inversamente, uma capital nova materializa uma nova era; ela mostra os princípios de um empreendimento coletivo; é o espetáculo de um empreendimento coletivo; (...) que o poder oferece da nação em atividade e dele próprio. Um decreto a cria, principalmente para lhe conferir uma força expressiva. Brasília é a ilustração mais importante. A mais de mil quilômetros do litoral, onde se situam as cidades históricas, sobre um planalto de vegetação escassa, abandonado a rebanhos nômades, a capital federal do Brasil foi edificada em quatro anos.(...) Brasília apresenta o poder em uma encenação de Niemeyer" (*idem*).

Balandier (1997:241-242) diz que o imaginário ordenador "encontra sua substância nos espaços, mas vai além: projeta-se neles, inscreve-se neles, tornando-se inventor de situações construídas". O imaginário construtor constitui-se o "meio privilegiado pelo qual o homem traz uma materialidade a seus sonhos, às suas tendências secretas e a seus fantasmas, à sua necessidade de realização e de adaptação pessoal".

É fundamental considerar aqui os desdobramentos da análise de Balandier sobre Brasília. Inicia descrevendo o espaço: *"Brasília expõe o poder dos conquistadores do futuro na encenação concebida por Niemeyer: nas bordas de uma imensa praça, dedicada às três funções políticas, erguem-se os palácios do governo, da Justiça e do Parlamento [Congresso]; uma vasta esplanada ali se conflui, onde se escalonam os Ministérios. Todo o resto compõe o pano de fundo, sem limites precisos, com seus mecanismos realizando as funções indispensáveis – diplomacia, cultos e cultura, negócios, exército, residências" (idem).*

Explica, ainda, o sentido desse espaço construído. "Revela-se a hierarquia de classes e empregos; um sistema de diferenças cujas manifestações o poder regulamentou espacialmente; o poder rege e atua por conta da história imediata e próxima. Brasília não foi feita propriamente para morar – o êxodo semanal para as cidades periféricas o revela –, mas para servir de exemplo. É o espaço de demonstração de um imaginário modernizador e sem incertezas, até o momento em que a crise fez da economia brasileira um sistema de forças desregradas, geradoras de grande pobreza e de revolta" (idem).

O espaço, no modo capitalista, é instrumentalizado para atender aos interesses das classes dominantes. Esses interesses se caracterizam pela busca de retorno econômico-financeiro e de manutenção de um controle político e social da maioria da população, os dominados. Um dos instrumentos usados para o exercício da dominação é a ideologia. O outro é a repressão. De modo geral, o Estado assume o papel de agente das classes dominantes e o faz com astúcia, utilizando uma ideologia. Cabe uma ressalva, o Estado também faz concessões às classes dominadas.

É oportuno citar Lúcio Castelo Branco (1987:29): "À arquitetura monumental corresponde um sistema de administração despótico do espaço. Como nas construções das pirâmides ou das grandes obras das sociedades hidráulicas, de um modo geral, predominou na construção de Brasília uma *visão logística*, completamente indiferente aos custos sociais que implicava". E diz ainda que, de acordo com a lógica da outorga autocrática, Brasília "somente foi possível porque JK fizera aprovar pelo Congresso uma legislação especial (...) elaborada por San Thiago Dantas com o fito de conceder-lhe 'poderes amplos' para tudo providenciar para a construção da nova capital sem qualquer nova audiência do Congresso".

Quanto aos usos do espaço, é pertinente lembrar Foucault (1986:211-212): "Parece-me que, no final do século XVIII, a arquitetura começa a se especializar, ao se articular com os problemas da população, da saúde, do urbanismo. Outrora, a arte de construir respondia sobretudo à necessidade de manifestar o poder, a divindade, a força. O palácio e a igreja constituíam as grandes formas, às quais é preciso acrescentar as fortalezas; manifestava-se a força, manifestava-se o soberano, manifestava-se Deus. A arquitetura durante muito tempo se desenvolveu em torno destas exigências. Ora, no final do século XVIII, novos problemas apareceram: trata-se de utilizar a organização do espaço para alcançar objetivos econômico-políticos".

Trata-se de uma arquitetura específica. Diz Foucault: "Nesta época os médicos eram, de certa forma, especialistas do espaço. Eles formulavam quatro problemas fundamentais": o das localizações (climas, solos, variações sazonais x determinado tipo de doenças); o das coexistências (homens entre si, homens x coisas, homens x animais, homens x mortos); o das moradias (habitat, urbanismo); o dos deslocamentos (migração dos homens, propagação das doenças). Os militares e os médicos foram os primeiros administradores do espaço coletivo. Os primeiros se ocuparam das campanhas e das fortalezas, os últimos, sobretudo dos espaços das moradias e das cidades.

Desde sua origem, o projeto arquitetônico e a organização da nova capital foram planejados como objetos de mudanças sociais. Concretizando-se, em Brasília, a idéia de que "a arquitetura e o urbanismo modernos são os meios para a criação de novas formas de associação coletiva, de hábitos pessoais e de vida cotidiana" (HOLSTON, 1993). Brasília foi planejada para ser uma cidade funcional, para atender a uma ordem previamente organizada para as diversas atividades urbanas, "organizando-as em zonas exclusivas e homogêneas: o espaço dos três poderes – legislativo, executivo, judiciário –, o espaço bancário, o espaço comercial, o industrial, o espaço hoteleiro, o espaço escolar, o espaço industrial, o espaço gráfico, entre outros, sugerindo um traçado urbano ímpar" (MACHADO, 1999:55).

Tendo como objeto a habitação e o espaço urbano, Gouvêa (1995:50) analisa as formas desenvolvidas, pelo governo brasileiro, de controle e segregação social chegando à conclusão de que "nunca houve no Brasil uma instituição realmente voltada para sanar os problemas da habitação, mas, sim, organismos que também construíram moradias, sendo que sua finalidade precípua era o controle político e de exploração econômica da maioria da população". Considera, ainda, que as técnicas de instrumentalização do espaço urbano e habitacional foram se aperfeiçoando, ao longo da história política.

Apesar do discurso socialista que envolveu a criação de Brasília, ocorreu uma forte influência das idéias geopolíticas de controle social do espaço pelo Estado. Assim, "no Distrito Federal os princípios modernistas da Carta de Atenas, que direcionaram a configuração física, tanto do Plano Piloto como das Cidades Satélites, convergiram para os interesses das classes dominantes. Brasília serviu ainda como objeto para a reprodução de ações de controle social, desenvolvidas pela Fundação da Casa Popular e pelo próprio BNH, por meio da disseminação da ideologia da casa própria" (*idem*).

Para a concepção urbanística e arquitetônica modernista, "a cidade deve ser animada pelo espírito de geometria, com linhas e ângulos retos, ordem e eficácia, a rua deve ceder seu lugar às vias expressas, adequadas ao automóvel e aos pátios de circulação; o zoneamento contido no plano deve assegurar uma distribuição funcional, que classifique e ordene os espaços – setor de comércio, de diversões, áreas verdes, indústrias, residências padrão A, B, C etc." (VESENTINI, 1986:157).

Berman (1986:169-269) considera que o choque e a interação de experimentos no topo e na base, ocorrido no século 19, na cidade russa de São Petersburgo, "pode oferecer pistas a alguns dos mistérios da vida política e espiritual das cidades do

Terceiro Mundo, como Lagos, Brasília, Cidade do México, Nova Delhi". Em sua análise, interpreta a Rússia como exemplo do emergente terceiro mundo, do século 20. O autor retrata São Petersburgo simultaneamente como modernização despótica e como a cidade irreal, modelo do mundo moderno. Foi construída, no século 18, numa zona de pântano, por Pedro I, o Grande. Ele a concebeu para ter acesso mais fácil à Europa e servir como importante linguagem simbólica, tornando-se a nova a capital do império, em substituição a Moscou. Estabeleceu-se um simbolismo em torno da polaridade entre São Petersburgo e Moscou, a primeira representando a modernidade e a última o reservatório das tradições – questão que lembra a polaridade entre o Rio de Janeiro e Brasília, esta representando a modernidade, aquela, o passado.

São Petersburgo também criou alguns mitos e símbolos mais poderosos e duradouros da modernidade. A mais clara expressão de modernidade da capital de São Petersburgo foi representada pelas forças estrangeiras e cosmopolitas que fluíram na vida russa. Suas tradições eram claramente modernas, surgindo como um símbolo da modernidade no seio de uma sociedade atrasada. Algo que se assemelha ao caso de Brasília, pois esta foi criada para representar um Brasil moderno.

Na época em que era discutida a construção de Brasília, os discursos que justificavam a idéia da transferência da capital federal para o interior do país eram de diversas ordens. Aqui se faz uma revisão das análises de Gouvêa (1995) e de Holanda (2002). Para Gouvêa, desde o sonho dos inconfidentes até Juscelino Kubitschek, "sempre ocorreram intenções de três ordens:

econômicas, geopolíticas e ideológicas". Entretanto ressalva que essas justificativas "se superpunham, e tinham maior ou menor ênfase dependendo do momento político". Holanda também classificou os primeiros discursos, sobre os quais se embasava a idéia da nova capital, em três tipos de argumentação: econômica, política e social.

Os discursos incluídos na categoria econômica frisavam a importância da chamada interiorização do processo de desenvolvimento, enfatizavam o desenvolvimento econômico do Brasil Central. Conforme Gouvêa: discutia-se "que a transferência da Capital administrativa para o centro do país propiciaria a criação de novas estradas, o que significaria interiorização do desenvolvimento econômico e, naturalmente, o surgimento de novas fronteiras para a expansão do capital nacional e internacional". E complementa: "No governo de JK esta premissa se coadunava inteiramente com o Plano de Metas de sua gestão, funcionando Brasília como 'ponta de lança' da região mais desenvolvida economicamente".

Aqui se inclui a fala do próprio JK: "...ali estava o grande desafio da nossa história, forçar o redirecionamento do eixo do desenvolvimento. Em vez da costa – onde um certo nível de progresso já foi atingido –, povoar o Planalto Central. O núcleo se espalharia como uma mancha de óleo, fazendo com que todo o interior abrisse os olhos para o grande futuro do país" (KUBITSCHEK, 1975).

O discurso da mudança da capital para o interior significaria um rompimento com a economia colonial, que limitara a ocupação do país a uma faixa litorânea. Para muitos, a capital no Rio de Janeiro significava uma estrutura histórica voltada para além-mar, subentendida aqui como demasiada dependência do exterior. Eram argumentos com força de convocação.

A segunda dedução referia-se à questão da segurança. Gouvêa a denomina de ordem geopolítica, destacando a segurança da capital: "Neste caso, justificava-se que a interiorização daria à sede do governo melhores condições de defesa". Nesse tipo de argumentação, a transferência da capital para o interior era considerada uma questão de "segurança nacional, tanto interna como externa". Considerava-se que a imensidão do território, e por este ser quase inexplorado, oferecia perigo à soberania nacional.

A "argumentação política" recaía na idéia de que a capital não deveria sofrer as pressões de interesses locais e de que "o Rio de Janeiro não oferecia mais as 'condições ideais' para a sede do governo federal, o qual precisava da tranqüilidade de um lugar neutro, para levar a cabo as tarefas da democracia representativa". Holanda (2002:32-33) remata afirmando: "Nunca ficou claro, nesse tipo de discurso, por que somente (ou pelo menos especialmente) a prática política precisa de tal tranqüilidade".

A transferência da capital federal "interferia em fortes interesses econômicos, tinha poderosa oposição política, indignava o Rio de Janeiro, desagradava a quase toda a imprensa e principais formadores de opinião, não empolgava a sociedade, envolvia gastos astronômicos..." (COUTO, 2001:66). Para JK, Brasília era a metassíntese de seu programa de governo e, além disso, ele via a possibilidade de governar distante das intrigas e hostilidades políticas. Nesse caso, havia necessidade de um lugar neutro, sem pressões e hostilidades.

Conforme Holanda, os discursos de argumentação social ponderavam "que a construção de uma nova capital era a oportunidade de ouro para se sacudir a burocracia do Estado". E, citando Meira Penna: "No Rio, terreno fértil para uma burocracia parasitária, não há clima, nem físico nem mental, para um eficiente serviço público, capaz de responder aos urgentes problemas de um colosso em crescimento. Lugar de férias, cercado por todas as seduções da natureza e imerso numa atmosfera luxuriante (...) não representa mais o ideal para a sede de um bom governo". Chama a atenção que, embora um argumento de ordem social, tinha como base uma preocupação de natureza econômica, apoiando-se na ideologia desenvolvimentista, pois que apela para os problemas de um país gigante em crescimento. Questões de ordem ideológica também exerceram influência na decisão para transferir a capital, assim como na própria concepção de Brasília. A mudança da capital para o interior do país ligava-se à ideologia nacionalista que fazia defesa dos grandes projetos nacionais. Aqui se inclui representativa parte dos militares e da burguesia.

A questão demográfica também pode ser compreendida como justificativa geopolítica, com fortes conotações ideológicas, na opção de se deslocar a capital para o Centro-Oeste, pois, ao mesmo tempo que dificultaria uma ação militar externa, permitiria ao Estado controle mais efetivo sobre a classe trabalhadora que, à época, exercia forte pressão sobre o governo, com constantes greves e manifestações.

A transferência da capital foi quase unânime na aceitação das camadas sociais dominantes. Entretanto, registraram-se posicionamentos contrários. Os dois extremos das frações políticas da época foram críticos ferrenhos, o direitista Carlos Lacerda e o comunista Luís Carlos Prestes. O primeiro dizia ser "um grande 'investimento improdutivo', quando o processo de desenvolvimento precisava de projetos de colonização nos confins desertos da nação". Carlos Lacerda foi, desde a candidatura de Juscelino Kubitschek, seu obstinado crítico. E Prestes "identificava fortes implicações políticas na mudança da capital, desde que o governo central não mais sofreria as pressões do proletariado crescente de uma cidade como o Rio de Janeiro" (HOLANDA, 2002: 34).

O argumento-síntese, retirado do poema de Guilherme de Almeida e recitado na cerimônia de inauguração da nova capital federal: "Agora e aqui é a Encruzilhada Tempo-Espaço, caminho que vem do passado e vai ao futuro, caminho vindo do norte, do sul, do leste e do oeste, caminho atravessando os séculos, caminho atravessando o mundo; agora e aqui todos se cruzam pelo sinal da Santa Cruz" (HOLSTON, 1993:79).

Os construtores de Brasília abriram um concurso entre urbanistas brasileiros para apresentar um plano que conferisse ao conjunto projetado um caráter monumental. Lúcio Costa obteve o primeiro lugar. O relatório, incorporado ao projeto, sobre o plano-piloto esclarece a intenção original dos construtores de Brasília. Lúcio Costa diz que tratou a monumentalidade "não no sentido da ostentação, mas no sentido da expressão palpável, por assim dizer, consciente, daquilo que vale e significa".

Holanda (2002:35-36) confere especial atenção a dois princípios de desenho aplicados ao plano: "Em primeiro lugar, a cidade é claramente dividida em duas partes fundamentais, estruturadas por dois eixos de composição que se cruzam em ângulo reto: o Eixo Monumental e o eixo Rodoviário, respectivamente e exclusivamente, ocupados pelos edifícios governamentais, por um lado, e pelas habitações com seus equipamentos complementares, por outro. Em segundo lugar, o espaço monumental por excelência – a Esplanada dos Ministérios e a Praça dos Três Poderes – deveria ser radicalmente separado do seu entorno pelo posicionamento de seus edifícios sobre dois terraplenos, construídos em dois diferentes níveis sobre a campina circundante, e arrimados em toda a sua volta".

A crítica de Holanda orienta-se para a escolha da estratégia da monumentalidade, "similar à maneira utilizada (...) no assentamento pré-colombiano de Teotihuacán no atual território mexicano. Mas é significativamente diferente, digamos da monumentalidade que encontramos na Praça della Signoria, em Florença, ou na Praça de São Marcos, em Veneza, ou até mesmo na Praça de São Pedro em Roma. (...) a maneira pela qual os edifícios se relacionam entre si e a maneira pela qual essas frações urbanas estão insertas no resto da cidade fazem esses exemplos constituírem duas diferentes vertentes na história dos assentamentos humanos com lógicas sociais distintas a informá-las".

A propósito da criação de Brasília são interessantes alguns depoimentos. Do general Leônidas Pires Gonçalves explicando como o Exército via a construção da nova capital: "O Juscelino pensava grande. Eu o considero uma pessoa respeitável. O desejo geopolítico de fazer a capital no centro do Brasil (...) a criação de Brasília é absolutamente correta". Em entrevista, no dia da inauguração da Novacap, Oscar Niemeyer disse: "De modo geral, Brasília é uma cidade sem erros. A disciplina arquitetônica e a planta original foram respeitadas, até agora. E daqui para frente não há dúvida de que nada vai alterar essa vontade férrea de fazer desta uma cidade-padrão" (COUTO, 2001:92).

Uma síntese dessas ponderações encontra-se em Silveira (1999:147): "Brasília nasceu como um grande empreendimento governamental, onde a ação estatal foi tida como soberana, e, nesse caso, a presença do estado foi muito forte, pois este atuava como planejador, promotor, construtor, financiador e proprietário do solo urbano e rural, entre outros, diferenciando a ocupação territorial do Distrito Federal, em alguns aspectos de gestão do território, das demais cidades brasileiras".

É oportuno citar um fragmento do registro de Juscelino Kubitschek, no *Livro de Ouro de Brasília*, por ocasião das cerimônias de inauguração da nova capital: "Politicamente, Brasília significa a instalação do governo federal no coração mesmo da nacionalidade, permitindo aos homens de estado uma visão mais ampla do Brasil como um todo e a solução dos problemas nacionais com independência, serenidade e paz interior. (...) Na primeira história do Brasil que se escreveu, a de Frei Vicente do Salvador, nos primórdios do século XVII, já observava o seu autor que a colonização se fazia como a de caranguejos, agarrados ao litoral".

O debate justificando ou contestando a construção de Brasília introduz a questão da interiorização do processo de desenvolvimento. Passadas quatro décadas, constata-se que Brasília cumpriu o papel de um marco na vida nacional, de mudanças na fisionomia econômica, política e cultural do país.

A era JK: os anos dourados

Para o historiador Nicolau Sevcenko (1998:61), o ato da fundação de Brasília foi intencional. Pretendia-se "separar a política da história, a fim de tornar os círculos dirigentes imunes à pressão crescente das tensões sociais. Era um modo de privatizar a política, distanciando-a da cena pública. Quando o decreto se cumpriu, em 1960, não foi casual ele coincidir com a difusão da TV. Afinal, seria mediado por ela que o público agora poderia, à distância, assistir o espetáculo político de Brasília. A mudança foi completa. O Rio de Janeiro nunca mais foi o mesmo. Nem o Brasil".

É consenso de que o governo do presidente Juscelino Kubitschek foi uma época de otimismo, confiança e forças que convergiam para exaltar o desenvolvimento do país. Não se pode desconsiderar, nesta análise, a coragem e o vigor de um homem e sua vontade férrea. As grandes realizações requerem visão e um esforço convincente, nem sempre prático, mas por vezes mais impulsionado pela paixão. Este foi o caso da construção de Brasília. Mas, como se explica a grandeza de uma realização da capacidade humana, representada na construção de uma cidade do porte de Brasília, em sua monumentalidade arquitetônica?

Não se trata apenas do sonho ou da vaidade de um homem, mas do empenho de uma era dinâmica, de uma ambição de progresso. Somente o interesse pela maior parte da burguesia brasileira poderia criar os recursos e o trabalho para o gigantesco empreendimento. Contudo, todas as classes contribuíram: além de banqueiros e empresários, também comerciantes, funcionários públicos, operários, candangos colaboraram com tenacidade e resistência.

As representações sociais dos anos JK, pelo povo brasileiro, estão centralizadas num período de euforia, lembrado por grandes realizações, cujo ápice está representado por Brasília. Cabe citar Gremaud (1997:104): "O período JK foi relativamente estável. O acelerado crescimento da economia durante sua gestão – que parecia confirmar o lema de sua gestão de 'Cinqüenta anos em cinco' – acabou por facilitar a superação de conflitos sociais mais amplos por meio da distribuição dos ganhos do crescimento. Além disso, o clima de otimismo instalado pela industrialização com base no Plano de Metas e pela construção de Brasília (auxiliado ainda, em 1958, pela conquista da Copa do Mundo de Futebol) reduzia o impacto das críticas feitas ao governo".

É importante mencionar também a estabilidade política. Com a ideologia desenvolvimentista de JK, o Brasil vivia um momento único, criando esperanças de um novo Brasil, um país moderno. Conectada à idéia de um Brasil novo, concebia-se a idéia de uma nova sociedade brasileira. A propaganda oficial de "50 anos em cinco" contribuiu para a repercussão desse *slogan* em amplas camadas da população e na maior extensão de expectativas.

Cony (2002:85) contextualiza a percepção do brasileiro em relação ao novo governo: "Não demorou para que o povo percebesse que uma nova era iniciava-se. Poucos meses depois que Juscelino assumira o poder, os brasileiros tiveram a certeza de que nascia um novo país, surgia um Brasil diferente, um

Brasil que dava certo. Eram barragens que estavam sendo iniciadas; centrais elétricas cujos projetos ficavam concluídos. Estradas que começavam a ser rasgadas por toda parte".

Torna-se imprescindível delinear o perfil de JK. Para tanto se utiliza o testemunho de alguns de seus contemporâneos. Humberto Werneck (2002) diz: "Num país de tantos presidentes carrancudos, o sorriso de mil dentes de JK marcou mudança de estilo...". Para Jarbas Passarinho: "JK foi o último presidente feliz deste Brasil. Felicidade extensiva ao país: com aquele sorriso não era só um governo que estava começando – era o que depois se chamou Anos Dourados" (*apud* WERNECK, 2002:51).

Declarações de correligionários de JK, pelo PSD, o descrevem como o homem talhado para ser presidente da República naquele momento. Oliveira Brito declara: "Eu via no Juscelino uma renovação. (...) representava aquilo que a Ala Moça mais buscava, que era manter o partido com seu espírito, mas atrelado à época em que estávamos vivendo. (...) era preciso sacudir o partido com um movimento a favor de uma ordem mais dinâmica. O homem para isso era o Juscelino; ele representava uma esperança para o PSD e para o Brasil" (HIPPÓLITO, 1985:150). Depoimento de José Joffily: "(...) quando o Juscelino foi candidato à

Juscelino Kubitschek, DF. (Foto: Ricardo Azoury/ KeyDisc)

32 Rupturas

presidência da República, eu logo me empolguei, menos pelo contato e admiração que eu tinha por ele do que pela formulação de seu programa, da plataforma, dos objetivos". João Pacheco e Chaves afirma: "Achamos que o Juscelino, com seus métodos de trabalho e feitio pessoal, era um candidato que poderia trazer um alento para o rejuvenescimento do PSD..." (*idem*:148).

Vale citar ainda o depoimento de Nestor Jost: "(...) Juscelino me parecia um homem progressista. O convívio com ele era fácil, os contatos entusiasmavam. A administração que ele estava fazendo em Minas, um estado em notórias dificuldades financeiras, era brilhante, comparada com outros estados. (..) Era um homem simpático e inspirava confiança (...) Assim, começamos a nos articular em torno dele para sustentar um período de desenvolvimento para o Brasil" (*idem*:154).

Testemunho de Cony (2002:84) contribui para traçar resumido perfil de JK: "Para alcançar seus objetivos, ele adotou logo de início a política que atendia às exigências de sua formação democrática: a de mobilização do povo em torno do governo. No fundo, em escala maior, a mesma estratégia havia adotado como prefeito em Belo Horizonte e governador de Minas Gerais. Decidiu não se isolar no Palácio. No Laranjeiras, onde passou a residir, era o primeiro a acordar e, quando o empregado servia o café, ele já se encontrava no gabinete de despachos, pendurado ao telefone. Kubitschek tinha um estilo próprio, era arrojado, entusiasmado, cheio de sonhos, não abandonava os projetos".

Conforme testemunho de Niemeyer, sobre seu primeiro encontro com JK, para conversar sobre o projeto de Pampulha, em 1940, quando Juscelino era prefeito de Belo Horizonte: "Com o mesmo dinamismo de hoje – me pediu que elaborasse o projeto para o dia seguinte, desejo que atendi, desenhando-o à noite (...) Lembro-me da luta que manteve para construir Pampulha (...) E, mais tarde, das dificuldades que surgiram, das incompreensões que tanto o embaraçaram e que ele – como agora, na escala muito maior de Brasília – soube vencer com uma tenacidade sem limites" (COUTO, 2001:78).

JK visto por ele mesmo: "Costumava dizer que a tenacidade não era senão um traço comum na têmpera dos mineradores do velho arraial do Tijuco, 'gente que passa a vida inteira procurando uma vida que não vai encontrar'. Na realidade o que lhe agradava pessoalmente em seu próprio caráter era a dosagem de firmeza com imaginação, de energia com poesia. 'porque ninguém agüenta um homem árido', explicava". (*Veja*. Edição Extra. A morte de JK, agosto, 1976. p. 19).

Sobre o perfil de JK, foram coletados alguns recortes significativos: "(...) havia qualquer coisa nele – o sorriso, uma capacidade de comunicar-se com as pessoas, de ganhar a confiança dos outros, de mostrar-se simpático. (...) havia algo de contagiante naquele dinamismo – e algo de intrinsecamente saudável, ou alegre, na pessoa daquele presidente que ganhara o apelido de 'Pé de Valsa' em inesquecíveis noitadas de dança nos clubes do interior, e cantava e era saudado com o '*Peixe Vivo*' nas serenatas despretensiosas pelo país afora" (*idem*: 12-15).

De seu estilo de governar, diz Severo Gomes: "Juscelino personificou como ninguém aquilo que os brasileiros tanto amam: a tolerância, a compreensão humana. Após a eleição e antes da posse na presidência do País, viveu-se um clima golpista para impedir que JK assumisse o poder. Assaltado por ameaças quase diárias ao mandato recém-conquistado, forjou a frase que se tornaria célebre depois: 'Deus poupou-me o sentimento do medo'. (...) Essa marca, ou estado de espírito, impregnava cada detalhe no estilo de Kubitschek governar. Juscelino era um homem impaciente, que exigia soluções prontas e práticas" (*idem*: 15-19).

Ainda na mesma fonte, encontram-se diversos episódios em que se revelam a impaciência e o ritmo vertiginoso de JK. João Pinheiro Neto, chefe de gabinete de seu governo em Minas, relatou uma conversa com JK, em seu primeiro dia como governador: "'Precisamos nos encontrar e termos uma conversa tranqüila para eu lhe expor meus planos', dissera Pinheiro, depois de muito procurá-lo, e finalmente encontrá-lo nos jardins do Palácio da Liberdade. 'Diga o que tem a dizer agora', respondeu Juscelino. 'Nunca tive tranqüilidade na vida, e nunca a terei daqui por diante'" (*idem*: 19).

Talvez o termo impaciente não seja o mais apropriado, mas caberiam melhores os de ritmo frenético, acelerado. Do aqui exposto, pode-se dizer que, tanto pelos seus assessores e os que com ele conviveram mais proximamente e por ele próprio, JK não era temeroso e se caracterizava por dinamismo contagiante e espírito de tolerância.

A análise que se pretende desenvolver, sobre a questão de ruptura ou continuidade do governo JK, pauta-se no pressuposto de que o acontecimento tem fecundidade própria. Possui raízes profundas. O evento, propriamente, não é mais do que um elo de uma cadeia de acontecimentos. No caso presente, o evento analisado é a criação de Brasília. O que individualiza o evento não é a diferença de detalhes, mas o fato de que acontece num dado momento. Assim, o acontecimento representa a diferença e não a uniformidade.

A essência das mudanças não pode ser resumida nos acontecimentos, dado que a extensão histórica de uma mudança tem alcance anterior e posterior ao acontecimento desencadeador. Um acontecimento essencial evidencia uma mudança, mas não a cria. Na realidade, já existiam condições para que se verificasse uma mudança profunda. A ação do acontecimento-chave é a de concatenar um certo número de evoluções que estavam isoladas uma da outra.

De modo geral, o acontecimento é visto pelas sociedades como uma espécie de ruptura, algo como um novo tempo. Pode-se, desse modo, entender que é a idéia do acontecimento que, de algum modo, torna-se um elemento criador da mudança e da história. Para sustentar a noção de continuidade, em termos globais, seria necessário conhecer todos os acontecimentos históricos como dados, num quadro homogêneo e lógico. Seria preciso buscar os elementos essenciais de uma estrutura social, econômica, política, cultural que explicassem as ações humanas num determinado tempo e espaço. Nesta linha de pensamento, pretende-se apontar as rupturas evidenciadas em alguns aspectos e a continuidade em outros. Foi com o objetivo de analisar essas questões que se subdividiu o texto em tópicos pertinentes ao político, ao econômico e ao cultural.

Brasília rompeu com a estrutura espacial do passado colonial

Este tópico trata de Brasília como um acontecimento peculiar no conjunto da realidade socioespacial do Brasil. É preciso dizer que se recorreu a diversos autores, mas fundamentalmente ao estudo de Holanda (2002:283-300), do qual selecionaram-se alguns recortes. Ele faz a análise retrospectiva da organização do espaço brasileiro em relação à estruturação social brasileira e às relações entre o país e o exterior, para entender por que o discurso desenvolvimentista dos anos 50, a interiorização do desenvolvimento e a construção da capital no centro geográfico da nação receberam apoio quase unânime. É interessante acompanhar essa trajetória para compreender a ruptura.

A descoberta do Brasil, pelos portugueses, inseria-se na época da expansão portuguesa. Entretanto, os povos do "novo mundo" tinham pouco para atender aos interesses mercantilistas. Assim, fundaram-se "entrepostos comerciais apoiados por assentamentos que pudessem fornecer mercadorias". Desse modo, surgiram vilas ao longo da costa que passaram a intermediar madeiras e peles; posteriormente, produtos agrícolas, que eram todos enviados para a Europa. Esses assentamentos visavam ao lucro rápido e a um breve retorno para Portugal. Interessavam-se apenas pelas atividades de comércio; eles faziam parte de uma grande empresa comercial comandada por *el* rei de Portugal.

Nas três primeiras décadas de 1500, várias expedições portuguesas mantiveram contato entre a metrópole e as diversas feitorias espalhadas no litoral da colônia. Tratava-se de estabelecimentos transitórios, nos quais se armazenava o pau-brasil a ser transportado para a Europa. Somente a partir de 1530, com Martim Afonso de Souza, iniciou-se o processo de efetiva colonização do território, com a distribuição de sesmarias e a instalação de uma burocracia urbana. Mais tarde, criado o governo-geral, as prerrogativas dos donatários das capitanias foram limitadas pela integração destas em grandes unidades político-administrativo-militares sob a autoridade de representantes diretos do soberano.

A economia exclusivamente orientada para a exportação de produtos agrícolas e a importação de bens manufaturados ou industrializados permaneceram até metade do século 19, quando uma crise no setor cafeeiro levou o país a produzir bens antes importados. Mesmo assim, a estrutura segmentária do espaço nacional, pelas características físicas da localidade ou de seus recursos naturais, continuava comandando a ocupação do território.

O início de uma débil industrialização, aos poucos, favoreceu o crescimento da burguesia urbana e o aparecimento do proletariado. Entretanto, manteve-se a correlação de forças entre as oligarquias (setor exportador) e a burguesia urbana (setor do comércio e da burocracia). Contudo, as crises cíclicas da economia de exportação permitiram o fortalecimento gradual desta última. A grande crise dos anos 1930 é considerada um marco na ruptura da estrutura econômica do país. Trouxe conseqüências marcantes para a estrutura de poder no Brasil.

Desde então, a estrutura de poder, antes extremamente concentrada, foi tendendo a uma reestruturação espacial da sociedade. E, desse modo, passou a ocorrer uma integração nacional com suporte na estrutura econômica. "O isolamento histórico das várias regiões começou a ser quebrado por pesados investimentos em estradas, iniciadas a partir das áreas mais avançadas industrialmente" (HOLANDA, 2002:290).

Era, ainda, uma ruptura modesta, tímida. Somente quando Kubitschek assumiu o poder, a ruptura manifestou-se. Pode-se, assim, dizer que, em 1954, o Brasil ainda apresentava essencialmente a mesma estrutura espacial de seu passado colonial. Desse modo, o discurso "mudancista" da construção da capital para o interior apresentou Brasília como o símbolo de uma "virada histórica". Como diz Holanda (*idem*): "As 'peculiaridades do atavismo lusitano' que faziam os portugueses 'se agarrarem ao litoral como caranguejos' eram finalmente deixadas para trás. O Rio de Janeiro como capital era considerado como parte dessa estrutura histórica 'voltada para fora', que havia de ser transformada em nome do 'desenvolvimento nacional'".

De certo modo, esses acontecimentos representaram uma ruptura com o passado, carregando consigo a expectativa de mudança, especialmente para as camadas menos favorecidas, de que poderia melhorar suas condições de vida. Aqui se encontra a explicação do apoio popular desfrutado pelo governo Kubitschek.

Para Silveira (1999:147): "A legitimação da capital combinava com a mitologia do Novo Mundo e associava a teoria do desenvolvimento, presente na atuação governamental daquele período, à construção da capital e à fundação de um novo Brasil". Na realidade, a face do país mudou. E essa mudança produziu uma nova organização espacial da sociedade brasileira.

Steinberger (1999:35) aponta uma contradição básica, que Brasília carrega desde seu nascimento, ou seja, ser concebida para servir como pólo de desenvolvimento regional e ao mesmo tempo exercer a monofunção político-administrativa. Em suas palavras: "Brasília foi pensada como solução. Os problemas estavam fora do território a ser construído. Sua posição central e sua localização, em área geoestrategicamente escolhida, eram uma bandeira da antiga classe dirigente do país, destinadas a resolver os históricos problemas nacionais e regionais de interiorização do desenvolvimento e de integração do território nacional por meio da expansão da fronteira econômica. Portanto, foi concebida como pólo de desenvolvimento regional. Ao mesmo tempo, foi concebida para ser capital da República, ou seja, centro político de decisões".

A incoerência das duas funções a ser cumpridas por Brasília está em que, "Como pólo de desenvolvimento regional intermediário entre a parte setentrional e meridional do país, deveria permitir e incentivar a presença de atividades econômicas capazes de irradiarem efeitos sobre um espaço bem mais abrangente do que o do quadrilátero delimitado. Por outro lado, como capital, deveria ter um território voltado, predominantemente, para a monofunção político-administrativa e preservado da implantação de qualquer outra atividade notável" (*idem*).

Ainda cabe citar Steinberger (1999:38): "(...) por trás da decisão de transferir a capital havia uma estratégia, simultaneamente, nacional e regional: ocupar a parte central do território, ponto de encontro das várias regiões, com vistas à integração e unificação nacional, em termos políticos e econômicos. Nesse sentido não parece ter sido mera coincidência que a criação da SUDE-NE, marco inicial do planejamento regional, e a implantação de Brasília tenham ocorrido no biênio 1959-1960".

O ano de 1954 marca uma nova fase do processo social no Brasil. Significou o fim das possibilidades de um modelo de desenvolvimento nacional-capitalista. Os recursos gerados exclusivamente pelo setor agrário-exportador não tinham mais condições de sustentar o crescimento da indústria. A expansão do setor industrial buscou a participação de investimentos de capital externo, diretamente no processo de produção, em especial, no setor de bens duráveis. Isso marcou a diferença de como tinha sido até então, investia-se na infra-estrutura de transportes, de serviços urbanos e no setor terciário. Esses investimentos em estradas, iniciadas a partir das áreas mais desenvolvidas industrialmente, quebraram o isolamento histórico das várias regiões brasileiras.

Lessa (1967:206) observa que Juscelino, partindo "da premissa de que progresso era, fundamentalmente indústria, voltou as costas à lavoura e ordenou que, de um jeito ou de outro, se implantassem no país as 'indústrias de base' (...) escancarou as portas do Brasil para o capital estrangeiro". Para Gremaud e outros autores (1997:148), "não se tratava de uma resposta tópica ao estrangulamento externo, mas da proposta de se montar uma estrutura industrial integrada". Comentam, ainda, que "para atrair o capital estrangeiro que, a um tempo, instalaria os novos ramos industriais e reduziria as dificuldades no balanço de pagamentos, deu-se tratamento extremamente favorável aos recursos externos que aqui ingressavam. (...) Em suma, houve um amplo conjunto de estímulos ao investimento industrial no período do Plano de Metas, o que explica o acelerado crescimento da produção nesses anos".

Entretanto, apesar do sucesso do Plano de Metas, enquanto estratégia de desenvolvimento industrial, também se registra o seu fracasso, no sentido de não conseguir superar os desequilíbrios preexistentes, ou seja, os desequilíbrios setoriais, regionais e sociais subsistiram.

Essa política interessava à burguesia nacional, significava um conjunto de medidas inter-relacionadas. A concentração e centralização do capital, o fortalecimento da economia do Sudeste, o desenvolvimento da indústria de bens duráveis, o fortalecimento de ligações entre o centro econômico mais desenvolvido e as demais regiões brasileiras favoreceram tanto as oligarquias rurais quanto a burguesia nacional. Entretanto, ficaram em segundo plano as classes médias, os trabalhadores manuais e a esquerda em geral. Desse modo, a burguesia deixaria de ser essencialmente nacional, mas associada às corporações internacionais. Internamente, ocorreram mudanças na estrutura de poder. Ocorria reciprocidade: nas regiões onde o capital crescia, a burguesia se fortalecia. No caso, o Sudeste foi favorecido, tendo como resultado maior desequilíbrio entre as regiões do país, aumentando a dependência destas em relação àquela.

O discurso mudancista chamou esse processo "desenvolvimento para dentro". A construção de Brasília desempenhava um papel fundamental para esse discurso. Conforme Holanda (2002:292), "Brasília tornou-se possível porque a dinâmica das forças sociais naquele momento colocou a questão das ligações inter-regionais, principalmente conectando o Sudeste às regiões até então isoladas, incluindo-se aí o Centro-Oeste, onde a nova capital veio a se localizar. Na realidade, existiam regiões que se defrontavam com a decadência econômica. As estradas não serviam para o desenvolvimento de lugares mais pobres, mas para aumentar a subordinação econômica ao Sudeste".

Assim, pode-se dizer que Brasília desempenhou uma função ideológica, aparentando promover equilíbrio. Ao construir a sede do poder nacional num lugar distante, no centro geográfico do país, mas sem importância econômica alguma, não reconhecia a concentração de poder no Sudeste, resultando que o Estado aparecia presidindo a nação de uma base neutra, não se identificando com nenhuma região já consolidada.

Brasília representou ideologicamente um duplo sentido. De um lado, com um discurso nacionalista, esforçava-se por mostrar o Estado como uma instituição acima das classes sociais; de outro, reafirmava-o como um ser essencialmente autônomo. Desse modo, em condições de ter um espaço próprio. De fato, Brasília reafirmou a centralização do poder e a fraqueza da sociedade civil; entretanto, aparentou o contrário, a conquista do Estado pela sociedade civil.

Em resumo, era importante que não houvesse identificação dos interesses do Estado com os da classe dominante, e também que ele fosse fisicamente separado da base espacial dessa classe, o Sudeste. Com a idéia de um novo Brasil, surgia a idéia de uma nova sociedade. Conclui-se que a construção de Brasília num planalto, região de cerrado, então praticamente deserto, marcou, com isso, a relação radicalmente transespacial entre a capital e o

21 de abril de 1960   43

país, no sentido de que essa relação ultrapassa o espaço físico da capital.

Brasília rompeu com o urbanismo e a arquitetura do país

Olha-se Brasília como um marco, levando em consideração que sua construção rompeu com o urbanismo nacional pela vastidão e indefinição dos espaços abertos. Brasília marcou o princípio da implantação dos conceitos da cidade moderna como base ordenadora da arquitetura (Bastos, 2003). Para seu criador, Juscelino Kubitschek, "Brasília não seria um centro urbano nos padrões convencionais, mas uma realização diferente. Seria uma cidade vazada numa concepção nova, quer no que dizia respeito às intenções que nortearam sua localização, quer em relação ao significado socioeconômico que deveria refletir-se no contexto urbanístico que lhe comporia a imagem" (SILVEIRA, 1999:148).

O projeto arquitetônico e a organização da cidade foram projetados para viabilizar as mudanças sociais pretendidas. Brasília deveria caracterizar-se como uma capital ousada e indicar que o Brasil ingressava numa era moderna. Como diz Machado (1999: 54), "O papel da arquitetura e do urbanismo modernista teve em Brasília seu exemplo mais concreto, de 'que a arquitetura e o urbanismo modernos são meios para a criação de novas formas de associação coletiva, de hábitos pessoais e de vida cotidiana".

O urbanismo da primeira metade do século 20 teve como figura predominante Le Corbusier, que sintetizou as idéias sobre urbanismo, transformando-as em um conjunto que apontava soluções para os problemas da cidade da era industrial. A construção de Brasília foi exemplo de uma das maiores intervenções do urbanismo moderno.

Gonçalves e outros autores (1991:44-48) afirmam que "Nunca, até então, essas idéias tinham sido aplicadas de forma tão completa, criando uma cidade inteira do nada: concretizava-se no cerrado a vitória do urbanismo moderno, Lúcio Costa, amigo de Le Corbusier, foi o maestro desta sinfonia urbanística". Aos críticos do urbanismo moderno, por conseqüência, também de Brasília, Gonçalves e seus colaboradores dizem que "Pode-se afirmar com certeza que o urbanismo moderno respondeu perfeitamente às necessidades da sociedade industrial. O que poucos perceberam é que começavam a desaparecer os princípios que sustentavam a era da indústria e, conseqüentemente, o urbanismo moderno".

De acordo com Schorske (2000:179), "O rápido e confuso surgimento do modernismo, no final do século XIX, como um movimento cultural amplo e consciente de seu rompimento com a história arrastou a arquitetura em sua esteira em toda a Europa". E isso se fez mais forte em Viena, graças à grande reconstrução urbana, a Ringstrasse. Uma área "erguida dentro da velha capital imperial como uma Camberra ou Brasília austríaca em meio à vastidão inculta. Num espaço grandioso e homogêneo, concentrou-se um complexo de edifícios públicos monumentais – museus, teatros, sedes da política constitucional etc. – e prédios de apartamentos com características de palácios, para abrigar a elite". Para esse modelo de "cidade-dentro-da-cidade", ele aponta como ausência gritante um "lugar para os operários industriais e para a vida de trabalho sobre a qual repousava o poder de seus construtores".

Alguns autores acusam Brasília desse tipo de segregação. Convém lembrar que, para construir Brasília, vinham trabalhadores de todas as partes do país, especialmente do Nordeste, Minas Gerais e Goiás. Eram os chamados candangos. Antes mesmo da inauguração da nova capital, os candangos foram removidos para várias cidades-satélites. Esse processo começou em 1958. Aliás, lembra-se que "o governo Kubitschek deu pouca atenção" à questão habitacional, não havendo, até mesmo, "qualquer alusão a esse respeito no seu Plano de Metas" (Gouvêa, 1995: 39).

De acordo com Bastos (2003:95-96), "No Brasil, a concretização dos ideais do urbanismo moderno, tornado possível por meio da construção da cidade de Brasília, já não criou o espaço homogêneo (...) Brasília tem eixos, perspectivas e sem dúvida buscou uma alta representatividade nos edifícios públicos, foi uma cidade criada para atender a estratégicas políticas e econômicas com alto valor simbólico. Entretanto, rompeu com o urbanismo nacional pela vastidão e indefinição dos espaços abertos".

Inclui-se aqui a análise de Bastos (2003:3-8), ao considerar Brasília como marco ou ponto de inflexão, analisando-a sob três aspectos principais:

a) *Coincidência, em termos cronológicos, com uma reversão no rumo político do país, com grandes conseqüências sobre a arquitetura.*

"O pós-Brasília se confunde com o pós-1964 pela quebra de expectativas políticas e arquitetônicas que estavam entrelaçadas num momento anterior. (...) o Plano de Metas do presidente Juscelino Kubitschek teve a capacidade de promover uma conciliação ideológica que congregou grupos políticos antagônicos sob a bandeira do nacional-desenvolvimentismo. Assim, houve uma culminância de expectativas econômicas, políticas, culturais e sociais simbolizadas na construção de Brasília que se frustraram ou tiveram um desenvolvimento muito diferente do esperado, trazendo determinadas conseqüências para a arquitetura contemporânea brasileira."

Brasília representou uma arquitetura que simbolizava o novo e moderno país. Projetada "de acordo com os ideais urbanísticos da arquitetura moderna, era um símbolo de transformações profundas. (...) Para os arquitetos era natural contar com um grande papel neste Brasil emergente a ser industrializado e urbanizado, uma vez que o próprio símbolo deste novo Brasil era a arquitetura".

b) *Alteração na expressão formal da arquitetura*

Há uma coincidência na construção de Brasília com um momento de mudança na expressão arquitetônica nacional. Bastos diz que também a obra de Niemeyer passava por uma mudança de direção, buscava "nas suas propostas formais soluções simples e geométricas, formas puras e a expressividade por meio da própria estrutura e não de elementos secundários". Brasília inaugurou essa nova fase do arquiteto. Sua construção insere-se no "momento em que a arquitetura nacional já buscava novos rumos, entretanto, sua construção, de certa forma, legalizou essa busca e apontou caminhos".

c) *Instituição da idéia de planejamento e reforma urbana*

O momento da construção de Brasília coincidiu também com a busca da aplicação de políticas urbanas que se pautasse pelo ideário da arquitetura moderna. Assim, Brasília marcou "o princípio da implantação dos conceitos da cidade moderna como base ordenadora da arquitetura".

Em 1987, o conjunto arquitetônico do Plano-Piloto de Brasília foi inscrito pelo Comitê do Patrimônio Mundial, da Unesco, como patrimônio cultural da humanidade. Brasília tornou-se "Um bem de valor excepcional e universal, marco do urbanismo moderno do século XX. É o primeiro monumento a ser reconhecido". Brasília passou a ser objeto de atenção de órgãos federais e locais. O mais importante para um patrimônio da humanidade é a preservação. "É dever superior de quem governa e de quem mora em Brasília fiscalizar e combater a degradação, a descaracterização, a desfiguração, a deformação. Lutar. Seja contra a ação do tempo, conservando e restaurando, seja principalmente contra as distorções, descaso, ambições menores e outros crimes contra esse valor universal. Sempre. Sua beleza é frágil e não irreversível. A funcionalidade também. Tesouros do povo brasileiro e da humanidade" (COUTO, 2001:335-338).

Mudanças e continuidades na área econômica

A política econômica de JK foi definida ainda em campanha eleitoral, no Programa de Metas, contendo 31 objetivos, distribuídos em seis grandes categorias: energia, transporte, alimentação, indústria de base, educação e a metassíntese, a construção de Brasília. A apresentação do Programa de Metas já marcaria uma diferença do governo JK com todos os que lhe antecederam.

Juscelino Kubitscheck governou com uma concepção empresarial e desenvolvimentista, sem considerar os custos. O lema "50 anos em cinco" traduzia-se em fazer o Brasil crescer 50 anos em apenas cinco. Para a realização dessa política, foram concedidos privilégios a vários setores, em particular à indústria de bens de consumo duráveis, tais como automóveis, eletrodomésticos, e de bens intermediários.

A moderna industrialização brasileira teve seu impulso inicial com Getúlio Vargas, no período da Segunda Guerra Mundial. Vargas impôs como condição aos aliados, para contar com o apoio do Brasil no conflito, a condição da "construção da Companhia Siderúrgica Nacional em Volta Redonda e a devolução das jazidas de ferro de Minas Gerais. Surgiram, assim, imediatamente após a guerra, dois dínamos da modernização no Brasil. Volta Redonda foi a matriz da indústria naval e automobilística e de toda a indústria mecânica. A Vale do Rio Doce pôs nossas reservas minerais a serviço do Brasil, provendo delas o mercado mundial. Além dessas empresas, o Estado criou várias outras com êxito menor, como a Fábrica Nacional de Motores e a Companhia Nacional de Álcalis" (Ribeiro, 1995:201).

Desse modo, acentuou-se a necessidade de impulsionar o crescimento do parque industrial, especialmente, de estabelecer uma indústria pesada para atender à crescente demanda. Assim, a produção aumentou e se diversificou. As indústrias de base se desenvolveram. O complexo siderúrgico de Volta Redonda foi a realização mais notável.

Para atingir esses objetivos, foi empregado o intervencionismo estatal; para tanto, foi instalada uma rede de autarquias. Estas eram organismos independentes, com patrimônio próprio e vida autônoma, foram criadas pelo Estado para auxiliá-lo no serviço público. Englobavam empresas federais, como ferrovias, serviços portuários, companhias de navegação; institutos de defesa, como o Departamento Nacional do Café, o Instituto do Açúcar e do Álcool, do Mate, do Sal e outros, a Caixa Econômica Federal, institutos de previdência social e os institutos independentes estaduais, como o Instituto do Arroz, no Rio Grande do Sul e o Instituto do Cacau, na Bahia. Eram organismos econômicos que podiam atuar como promotores da produção, realizar a estabilização dos mercados interno e externo, além de conceder incentivos aos produtores.

Para Albuquerque (1981:463-464), "O dirigismo estatal sobre a economia e o intercâmbio procurou proteger as indústrias nacionais, com a concessão de privilégios a este tipo de atividade, aumento da arrecadação fiscal pela elevação de impostos sobre os gêneros exportados e importados, distribuição das divisas estrangeiras disponíveis e controles das matérias-primas estratégicas que se haviam valorizado devido à conjuntura da guerra". A ação estatal destacou-se durante a Segunda Guerra Mundial e suas práticas passaram a ser dirigidas pela Coordenação da Mobilização Econômica, considerada como o primeiro ensaio de planejamento em larga escala da economia brasileira.

Entretanto, essa política de capitalismo de Estado e de industrialização de base encontrou sempre reação de duas correntes: de um lado estavam os que defendiam a privatização, de outro, aqueles que defendiam os interesses estrangeiros. Como diz Darcy Ribeiro (1995:202), "Assim é que, quando Getúlio Vargas se prepara para criar a Petrobras e a Eletrobrás, uma campanha uníssona de toda a mídia levou seu governo a tal desmoralização que ele se viu na iminência de ser enxotado do Catete. Venceu pelo próprio suicídio, que acordou a nação para o caráter daquela campanha e para os interesses que estavam atrás dos inimigos do governo". A conseqüência imediata verificou-se no resultado das eleições. Os candidatos da direita que haviam orquestrado aquela reação perderam as eleições presidenciais, vencendo o candidato de centro-esquerda, Juscelino Kubitschek.

JK abandonou a política exclusiva de capitalismo de Estado e atraiu empresas estrangeiras para abrir subsidiárias no Brasil, no campo da indústria automobilística, naval, química, mecânica, entre outras. Para tal, concedeu subsídios, como terrenos, isenção de impostos, empréstimos. "O fez com tanta largueza, que muita indústria custou a seus donos menos de 20% de investimento real do seu capital" (TAVARES, 1964, *apud* Ribeiro, 1995:202).

Na era JK, a virada na área econômica ocorreu com a constituição de forças produtivas especificamente capitalistas, capazes de impor o domínio do capital industrial no processo global de acumulação. Isso ocorreu mediante a entrada do Estado para a constituição de uma indústria pesada de bens de produção, e a de empresas internacionais, para a instalação de um setor diferenciado e dinâmico de bens de consumo capitalista.

Nesse governo, ocorreu o ingresso, em grande quantidade, do capital estrangeiro na indústria, especialmente para bens de consumo duráveis. Nesse sentido, houve uma reorientação do processo de industrialização brasileira. Até esse momento, eram as empresas nacionais, privadas e públicas, as promotoras da industrialização. No início, dirigida para o setor de bens de consumo e, em seguida, para o de bens de produção.

Registram-se as atividades de grandes empresas multinacionais, como a Willys, a Ford, A Volkswagen e a General Motors que, localizadas na região do ABC, mudaram completamente a fisionomia da região, com a concentração de operários inédita no país.

Para Boris Fausto (2001:237), "Vista em termos numéricos e de organização empresarial, a instalação da indústria automobilística representou um inegável êxito. Porém, ela se enquadrou no propósito de criar uma 'civilização do automóvel' em detrimento da ampliação de meios de transporte coletivo para a grande massa. A partir de 1960 a tendência a fabricarem automóveis cresceu a ponto de representar quase 58% da produção de veículos em 1968. Como as ferrovias foram na prática abandonadas, o Brasil se tornou cada vez mais dependente da extensão e conservação das rodovias e do uso dos derivados do petróleo na área de transporte".

É importante registrar que, no segundo governo Vargas (1950-1954), a produção de automóveis no Brasil já era estimulada. Em 1952, foi fundada a Willys Overland do Brasil, em São Bernardo do Campo, no estado de São Paulo. Nesse mesmo ano, a Fábrica Nacional de Motores (FNM) produziu 800 caminhões, com cerca de um terço de componentes nacionais; surgiu também a Vemag (antiga distribuidora de veículos, a Studebaker). Em 1953, a Volkswagen instalou-se aqui, passando a montar sedãs e Kombis; a Mercedes-Benz começou a construir uma fábrica e a Ford inaugurou suas novas instalações para a linha de montagem. Em 1954, a Willys produziu o primeiro jipe.

Em fevereiro de 1956, um mês após sua posse, o presidente Juscelino Kubitschek inaugurou a fábrica da Mercedes-Benz. E, no final do mesmo ano, a Vemag colocava no mercado o primeiro automóvel de passageiros fabricado no Brasil – a perua DKW. No ano seguinte, a FNM lançou um caminhão com motor diesel; a Ford e a GM também lançaram seus primeiros caminhões e a Volkswagen apresentou a Kombi nacional. Entre 1957 e 1958, foram fundadas a Fendt do Brasil, a Massey Fergusson do Brasil, a Simca do Brasil e a Toyota do Brasil (*Delta Universal*, n. 2:929).

Nesse sentido, JK não inovou, mas deu continuidade, com mais ênfase à entrada maciça de capitais externos, dirigidos principalmente para os setores de bens de consumo duráveis, especialmente os da indústria automobilística e eletrodoméstica. Até certo ponto, essa forma de expansão foi viável, porque em períodos anteriores ocorrera concentração de renda e pela estrutura da demanda herdadas do período anterior. É preciso lembrar que, da fase anterior, foi também herdada a infra-estrutura de energia, de transportes e dos segmentos produtores de bens intermediários e de bens de capital (PEREIRA, *in: Retrato do Brasil*, n. 39:461-462).

Nos anos 1950, as economias européia e japonesa encontravam-se em plena recuperação das perdas com a Segunda Guerra. Nessas condições, estava-se começando a trazer para o Brasil o investimento de concorrentes dos Estados Unidos. Para Gorender (1983:85), "Em 1955, tanto a economia brasileira quanto a dos países avançados já se encontravam em condições de disponibilidade e padrão de comportamento recíproco que viabilizavam o célebre Plano de Metas do governo Kubitschek. O Plano de Metas não só facilitou o afluxo de volume concentrado de capital estrangeiro, como contribuiu para mudar o perfil dos seus investimentos diretos no Brasil".

Portanto, é a partir da implantação do Programa de Metas que a industrialização assume características inteiramente novas. Convém explicitar que, no Brasil, esse processo inverteu a seqüência da industrialização capitalista clássica, ou seja, partir da produção de bens de consumo de uso difundido e popular, como tecidos e alimentos, para depois alcançar "a fabricação de bens de consumo duráveis e bens de capital, tecnologicamente mais refinados". Aqui, em lugar de esperar esta maturidade da indústria de bens produtivos, foi impulsionado o desenvolvimento acelerado da indústria de bens de consumo duráveis. (PEREIRA, *in: Retrato do Brasil* n. 39:462).

Nessas condições, verificou-se o aumento da dependência externa em referência à tecnologia do país e em relação às importações. Aponta-se, também, o desenvolvimento do capitalismo monopolista, por meio do papel insubstituível do Estado, na montagem da intra-estrutura e na implantação de setores básicos da indústria. Assim, o Programa de Metas do governo JK não significou simplesmente uma nova etapa, mas um ritmo mais intenso de industrialização, por meio de substituição de importações de bens de consumo duráveis, como automóveis, e de bens intermediários, a exemplo de alumínio, papel, celulose. De fato acelerava-se a acumulação de capital.

O Plano de Metas tinha a industrialização como ponto central;

para executá-la manteve o fortalecimento do Poder Executivo como condição necessária. Entretanto, embora, o poder estatal atuasse por meio de organismos já existentes ou que foram instalados à época da realização do plano, o governo orientou sua estratégia objetivando fortalecer a iniciativa privada e ampliar a internacionalização da economia capitalista brasileira.

Dessa forma, não ocorreu reforço e ampliação das empresas estatais; o papel do governo foi o de facilitar, principalmente, os investimentos nos setores de transporte e de energia. "Em termos econômicos e considerada a dominância que fazia da industrialização o sinônimo de desenvolvimento, o Plano de Metas alcançou pleno êxito. No caso da indústria automobilística, excedeu as expectativas. No entanto, o esgotamento do modelo de substituição de importações, a ampliação conjuntural do mercado de trabalho e outros elementos que concretizaram as práticas da ideologia desenvolvimentista abriram uma perspectiva de insegurança no tocante ao direcionamento fundamental da estrutura econômica e financeira nacional" (ALBUQUERQUE, 1981: 467).

O governo JK ficou conhecido por suas realizações na área da economia. De fato, o Brasil atingiu um crescimento econômico real e expressivo. Este progresso ocorreu graças à expansão da produção industrial. É preciso registrar a existência de um importante mercado interno, maior capacidade em produção de ferro e aço na América Latina, e, claro, a disposição de empresários do exterior em investir no Brasil.

Para conquistar os investidores, e, assim entrar numa nova fase no processo de industrialização, durante sua campanha política, Kubitschek esboçara sua estratégia de desenvolvimento econômico. Após sua posse, publicou um prefácio do seu Plano Nacional para o Desenvolvimento. Ao assumir a presidência, Kubitschek anunciou sua estratégia com clareza. "Primeiro, fez um apelo direto aos investidores privados, tanto nacionais como estrangeiros. Para os homens de negócios brasileiros, o seu governo oferecia uma política de créditos liberais e a promessa de manter um alto nível de demanda interna, assegurando, desse modo, mercados proveitosos. A fim de canalizar investimentos privados para as indústrias básicas, o governo estabeleceu 'grupos executivos' em indústrias como a de automóveis e aparelhos elétricos, o que mostrava que as regulamentações governamentais as ajudavam e não atrapalhavam a rápida expansão da capacidade". (SKIDMORE, 1982:205-206).

Em relação às firmas estrangeiras, concedeu "um incentivo especial para investir na indústria brasileira". Como eram necessários equipamentos industriais para o Brasil, o governo fez uso da Instrução nº 113 da Supervisão da Moeda e Crédito (Sumoc), que isentava as firmas estrangeiras da necessidade de providenciar "cobertura" cambial externa para importar maquinaria, desde que estivessem associadas a empresas brasileiras – vantagem não gozada por firmas inteiramente nacionais. JK teve sucesso nos apelos aos investidores privados, estrangeiros e nacionais, "especialmente em indústrias-chave tais como produção de veículos" (*idem*).

Gorender (1983:93) observa que "o capital estrangeiro não entrou no Brasil por manobra solerte de uma 'camarilha' ou de um 'grupelho' de entreguistas, embora não faltem entreguistas para servir aos interesses das multinacionais. Foi a própria burguesia brasileira, *como classe*, que precisou do capital estrangeiro e o incentivou a vir ao Brasil. *O nacionalismo da burguesia brasileira não implica a rejeição do capital estrangeiro, mas sua cooperação demarcada pelas conveniências do capital nacional*".

JK investiu pesado no setor de energia. Em cinco anos, construiu numerosas centrais elétricas. Cony (2002:78) faz um relato sobre a tática utilizada por JK para conseguir recurso para erguer Furnas e Três Marias, duas das maiores hidrelétricas brasileiras. Em suas palavras, "convidado a participar do encontro dos presidentes a ser realizado em 21 de julho de 1956, no Panamá, e descontente com o baixo crédito que os Estados Unidos concediam ao seu programa governamental, Juscelino condicionou sua presença à execução de alguns projetos elaborados desde 1953 pela Comissão Mista Brasil-Estados Unidos. Prontamente, uma semana antes da conferência, o governo norte-americano liberou três daqueles projetos: o da barragem de Três Marias (MG), o de reequipamento das ferrovias e o dos portos".

Um breve balanço do Plano de Metas indica que, em 1960, ao término do governo JK, as metas propostas haviam sido atingidas em larga medida. A análise, apresentada a seguir, constitui-se de recortes do texto de Albuquerque (1981:618-622). "No campo da energia elétrica se alcançou os 96% da produção proposta e no campo dos produtos petrolíferos chegou-se aos 75,5% para a produção de óleos crus e 71% para o refino. Iniciaram-se as construções das barragens de Furnas e das Três Marias. (...) No campo dos transportes o plano aproximou-se muito das metas fixadas no setor ferroviário, ultrapassando-as no rodoviário. No setor marítimo a realização alcançou um índice de 90%. As indústrias intermediárias apresentaram um índice de concretização de 181% do previsto, nas metas para a produção de aço e de 81% para o cimento. No dos bens de capital, a indústria automobilística atingiu mais de 90% da meta fixada, assim como a indústria de equipamentos, que aumentou 100%. Também se ampliou a rede rodoviária pela abertura da Belém-Brasília." A metassíntese, a construção de Brasília, também foi atingida, com sua inauguração em 21 de abril de 1960.

De Cony (2002:110-112), recolhem-se alguns dados interessantes sobre o desempenho econômico do governo JK. Em 31 de janeiro de 1961, data da transmissão do cargo de presidente de Juscelino Kubitschek para Jânio Quadros, diz o referido autor:

"Lá estava Brasília (...) Havia os estaleiros, que foram uma das grandes iniciativas do seu governo. Surgira a indústria naval e a incorporação à frota mercante nacional de 549 mil toneladas de navios, correspondentes a 54% da tonelagem que existia até 1955.

Havia as numerosas centrais construídas. (...) Havia os pontos de irradiação da indústria automobilística. O alvo a ser atingido seria a construção de 100 mil veículos em 1960. Mas já chegara aos 321.150, com 90% de suas peças e acessórios fabricados no Brasil. Havia os 680 poços de petróleo. (...) A frota nacional de petroleiros passou de 723 mil toneladas transportadas, em 1955, para 1 milhão e 670 mil toneladas, em 1960, com aumento de 138%."

Para Cony, "De 1956 a 1959 – os primeiros quatro anos do governo JK – nenhum país do mundo ocidental apresentou ritmo de expansão industrial equivalente ao do Brasil". Boris Fausto (2001:236) informa que, "De 1957 a 1961, o PIB cresceu a uma taxa anual de 7%, correspondendo a uma taxa *per capita* de quase 4%. Se considerarmos toda a década de 1950, o crescimento do PIB brasileiro *per capita* foi aproximadamente três vezes maior do que o do resto da América Latina". Entretanto, diz Boris Fausto (2001:238): "Nem tudo eram flores no período de Juscelino. Os problemas maiores se concentraram nas áreas interligadas do comércio exterior e das finanças do governo. Os gastos governamentais para sustentar o programa de industrialização e a construção de Brasília e um sério declínio dos termos de intercâmbio com o exterior resultaram em crescente déficit do orçamento federal. (...) Este quadro veio acompanhado de um avanço da inflação..."

Em referência ao Plano de Metas, Oliveira (1972:44) observa que "o importante é reconhecer que meios e fins objetivados não apenas eram coerentes entre si, como foram logrados. Prioridade para indústrias automobilísticas, de construção naval, siderurgia, reforma de legislação tarifária, concessão de câmbio de custo para importações de equipamentos não podem ser entendidas como resultado de acaso, nem medidas tópicas para equilibrar o balanço de pagamentos, que deram como resultado a aceleração da industrialização. Ao contrário elas foram concebidas exatamente para isso".

A oposição obstinada não deu tréguas; ao longo dos cinco anos de governo, reconhecia o extraordinário impulso desenvolvimentista, mas acusava de que tudo fora feito à custa de emissões de papel-moeda, acarretando alta da inflação. A resposta de JK, em seu livro *Por que Construí Brasília* (1975:365), é didática:

"E quanto custou tudo isso? Façamos um cálculo, para se compreender melhor a extensão da inflação, tão apregoada pelos meus adversários. Na época, o Brasil tinha 60 milhões de habitantes. Isso quer dizer que toda aquela pletora de desenvolvimento, levando-se em conta que emiti, em 5 anos, 134 milhões de cruzeiros, representou, na realidade, o sacrifício de dois cruzeiros novos, em 5 anos, para cada brasileiro. Ou reduzindo-se o prazo para emprestar maior realismo à simbologia numérica: o sacrifício foi de apenas 40 centavos anuais para cada habitante. Alguém seria capaz de fazê-lo por menos?"

Governo JK: tempos de estabilidade política

Na história da política brasileira contemporânea, o governo Kubitschek é considerado um caso singular, por ter sido efetivamente estável. Fala-se aqui em estabilidade constitucional. Entretanto, estabilidade política não significa, necessariamente, ausência de crises. E, no caso específico que se analisa, essa estabilidade foi pontuada por crises, no começo e no fim do mandato.

Ao delinear o caráter dessa estabilidade, considera que a "aparência" de estabilidade era dada pelo desenvolvimento continuado, pelo otimismo generalizado com o Programa de Metas e a euforia de Brasília e, principalmente, pela manutenção do regime democrático, incluindo participação política, eleições livres, liberdade de imprensa, anistia aos rebeldes militares, liberdade de reunião e associação, direito de greve etc. Essa estabilidade política supõe a manutenção do regime vigente, no presente caso, a consolidação do regime democrático. Convém lembrar que o Brasil viveu sob a ditadura Vargas de 1937 a 1945. E, mesmo, na chamada redemocratização (1946-1954) viveu-se um clima de incerteza e de golpes contra o regime constitucional.

Quando esteve na Presidência da República do Brasil, o general Eurico Gaspar Dutra, político forjado no período do Estado Novo, em seu discurso de posse diz estar "preocupado em corresponder à expectativa dos meus compatriotas, comprometendo-me a manter, em tudo quanto de mim depender o sistema democrático que resultar das deliberações da Assembléia Nacional, sem o menor cerceamento das liberdades públicas inseparáveis de um regime de opinião". Entretanto, verificou-se que os debates nos trabalhos da Assembléia Constituinte (reunida para estabelecer uma nova Constituição) tomavam um rumo conservador, pela "permanência de privilégios jurídicos e pequenas conquistas com relação aos direitos constitucionais anteriores". Foi também um governo "grandemente repressivo quando se tratava de reivindicações populares. O chefe da Polícia usa da mais feroz brutalidade contra os presos políticos, os operários, os grevistas e os ladrões. (...) A repressão se dá em diversos campos e ela se faz sentir desde o começo do governo Dutra". A partir de agosto de 1946, "as autoridades procuram confundir o movimento grevista, em geral, com o movimento comunista. Desta maneira, a luta contra a carestia, as greves e as atividades comunistas aparecem denunciadas pela polícia como um todo" (CARONE, 1985: 17-21).

Em 1951, Getúlio Vargas voltou à Presidência, encontrando forte pressão na presença do sindicalismo e violenta oposição, representada por uma ala fascistóide unida aos militares. A liderança dessa oposição foi desempenhada por Carlos Lacerda, dinamizador da luta contra Getúlio Vargas a quem não faltaram escrúpulos pessoais nem morais. Essa aliança civil-militar estabeleceu um clima ameaçador de golpe. A idéia de complô armado contra o governo era progressivamente inquietadora (*idem*: 69-75).

Com a morte de Getúlio Vargas, assume a presidência João Café Filho, apoiado pela UDN, partido que fizera virulenta oposição a Vargas. Em seu governo, Café Filho reverteu a política interna e a externa do presidente anterior. As divisões internas na definição da política proletária foram recalcadas taticamente. "A crise hibernou até 1964, quando encontrou o seu desfecho autoritário protagonizado pelas mesmas correntes oposicionistas fortalecidas, na nova conjuntura, pelas contradições e hesitações do reformismo trabalhista" (ALBUQUERQUE, 1981:616).

Essa breve retrospectiva permite comparar o governo de JK aos que mais próximos lhe antecederam e assim compreender a estabilidade política mencionada no início deste tópico.

Eleitos Juscelino Kubitschek e João Goulart, respectivamente, presidente e vice-presidente, enfrentaram, de imediato, um projeto de golpe, sob orientação da UDN, para impedir a posse dos candidatos vitoriosos. O golpe foi evitado graças ao setor legalista do Exército, cujo chefe era o general Henrique Teixeira Lott. Esse movimento militar dá um contragolpe, estabelecendo estado de sítio, põe em pânico a oposição, levando políticos e militares golpistas à fuga.

Assim, a posse de JK e de JG ocorre sob estado de sítio. A oposição recuou, resultando que nem à UDN, nem às forças de direita do Exército, nem aos demais golpistas restavam condições de ameaçar o regime democrático. Essa situação favoreceu a formação do ministério de JK, um ministério de compromisso entre PSD e PTB, partidos do presidente e do vice-presidente, respectivamente. O apoio desses partidos viabilizou ao governo a obtenção da maioria no Congresso. Desse modo, a escolha dos cargos civis e dos ministros militares ficou vinculada aos partidos políticos, às lideranças fiéis a Juscelino e à corrente que ele representava. Esta era a postura correta para o momento de crise em que se iniciava esse governo: não abrir às demais correntes políticas. E, é importante que se frise, nessa tarefa, JK não transigiu.

Conseqüentemente, a estratégia política de JK envolvia uma luta contínua entre os que detinham o legado de Vargas e os antigetulistas. O presidente procurava atender aos pedidos de aumento de salário e de equipamentos modernos solicitados pelos militares. Não poupava esforços, também, para manter a tranqüilidade dos anticomunistas fanáticos das Forças Armadas, repetindo declarações anticomunistas e efetuando uma política exterior ortodoxa. JK articulava uma política que anulasse os extremismos, seja da direita (incluindo centristas), seja da esquerda. O Brasil deveria trilhar o caminho democrático. Sobre a estratégia de JK para manter um equilíbrio político, diz Skidmore (1982:208): "Primeiro, Kubitschek esforçou-se por gerar um senso de confiança própria entre os brasileiros. Outro fato igualmente importante era que afirmava sua fé no processo democrático. Era tanto um presidente eleito por uma reduzida minoria em busca do alargamento de seu suporte político quanto um líder ambicioso tentando assegurar o seu lugar na história, tomando a liderança do caminho para a industrialização do Brasil".

As atitudes políticas do governo JK caracterizaram-se como democráticas e, apesar das contínuas provocações da oposição, ele nunca usou de autoritarismo. Em janeiro de 1960, Assis Chateaubriand declarava: "A riqueza que o Presidente Kubitschek acumulou para o Brasil, num sem-número de iniciativas, transforma-o no prodigioso regenerador de uma democracia, a qual ficou sem tempo para conspirar. Seu governo febril, excitador de feixes de energia de todo o tamanho, tem sido uma segura máquina revolucionária, porque destinada a matar as revoluções. O país está abarrotado de cereais, o que é uma forma de acabar com a carestia de vida. Do dia para a noite, o ocaso do último ano de Juscelino Kubitschek se transforma numa aurora" (*apud* KUBITSCHEK, 1975:227-228).

É pertinente citar Benevides (1979:251): "A comparação com os governos precedentes e o seguinte sugere um comentário sobre a possível identidade entre 'estabilidade no período Kubitschek' e 'habilidade do Presidente Kubitschek'".

Skidmore (1982:207) também ressalta a estabilidade política do governo JK, afirmando que ela foi a responsável direta pelo sucesso da política econômica. E, como Benevides, estabelece uma relação entre a estabilidade e a habilidade: "O segredo residia na marcante habilidade de Kubitschek em encontrar alguma coisa para cada um, enquanto evitava qualquer conflito direto com seus inimigos. Este estilo político não envolvia mudanças fundamentais. Pelo contrário, Kubitschek utilizava-se do próprio sistema a fim de ganhar apoio – ou em muitos casos 'ajeitando' a oposição – para os seus programas".

O sucesso de Kubitschek devia-se muito ao seu estilo de administrar, a essência era a improvisação. "O entusiasmo, a sua principal arma, refletia uma confiança contagiante no futuro do Brasil como grande potência. Sua estratégia básica era pressionar pela rápida industrialização, tentando convencer a cada grupo do poder que teriam alguma coisa a ganhar ou, então, nada a perder. Isto requeria um delicado equilibrismo político" (*idem*:208).

Benevides (1979:49) defende a idéia de que "a estabilidade do Governo Kubitschek foi produto de uma conjuntura especial, na qual o Exército e o Congresso atuaram de maneira convergente. (...) Isso significava que o governo não estava bloqueado no Congresso (graças à maioria conseguida com a aliança PSD/PTB) e contava com o apoio do setor majoritário do Exército".

Dessa conjuntura, pode-se concluir que a aliança PSD/PTB foi fundamental para a estabilidade política do governo JK e o papel do Exército foi essencial para preservar a ordem interna, período, como já se indicou, marcado por tentativas de golpes pela oposição e de conspirações dentro das próprias Forças Armadas, pois as crises militares foram contínuas. Entretanto, tudo ficava só na conspiração. Destaca-se aqui o papel do ministro da Guerra, general Lott, responsável pela manutenção da disciplina.

Nesta análise sobre a estabilidade política do governo JK, há necessidade de se mencionar a política populista. O populismo era um estilo político manifestadamente individualista. Seu programa se resume na personalidade do líder, no carisma, que sublima o desespero das classes médias urbanas e rurais. O chefe carismático surge nos momentos em que as lutas de classe se aguçam (BANDEIRA, 2001:52).

O populismo no governo Vargas caracterizava-se como uma política nacionalista e de demagogia obreira. Promulgava leis instituindo direitos aos trabalhadores, mas apenas aos urbanos, esquecendo dos trabalhadores rurais. Acrescenta-se que não buscava uma estrutura econômica com capacidade de absorver o excedente da mão-de-obra, conseqüência do crescimento demográfico. Mesmo assim, desenvolveu-se a indústria no Centro-Sul, especialmente em São Paulo. Desse modo, ocorria o desenvolvimento do capitalismo na cidade, sem modificações na estrutura agrária. Nesse momento, já se esboçava a direção que o país tomaria na transformação social, tendo como resultado o acréscimo do desenvolvimentismo ao populismo.

Foi com Juscelino Kubitschek que "o 'populismo' transitou para a fase 'desenvolvimentista'. A idéia de organização do Estado nacional em novas bases de sustentação do desenvolvimento industrial autônomo foi abandonada em favor da industrialização associada às empresas internacionais. Assim mesmo o Estado realizou investimentos diretos nos setores da infra-estrutura econômica e na construção de Brasília" (MACHADO, 1972, *apud* Sampaio, 1974:117).

JK adotou como filosofia de seu governo o desenvolvimento nacionalista, e assim definida por ele, já em final de governo: "(...) um desenvolvimento que tinha por alvo a prosperidade nacional. Pelo fato de ser nacionalista, não deveria endereçar-se contra ninguém. Só existiam dois meios de se realizar aquele desenvolvimento: bater de porta em porta, nas nações estrangeiras, para solicitar ajuda financeira; ou lutar com as nossas próprias forças, cortando na carne e exigindo sacrifícios do país". Depois de referir-se aos financiamentos externos, esclareceu: "Esta colaboração foi-nos prestada; tem sido valiosa; mas não foi o bastante. Daí por que tive de pedir sacrifícios ao povo, para levar avante os principais projetos que havia planejado executar na vigência de meu mandato. Os sacrifícios que pedi ao povo estão sendo hoje amplamente compensados com as novas indústrias, as estradas, pontes, navios, automóveis usinas elétricas etc., que são o resultado destes quatro anos de governo" (KUBITSCHEK, 1975: 231).

O governo JK procurou conciliar os interesses desiguais da burguesia. Manteve-se cautelosamente eqüidistante dos extremos. Adotou o nacional-desenvolvimentismo, um caminho do meio, entre o nacionalismo e o entreguismo. JK promoveu a atuação ampla do Estado, tanto ampliando a infra-estrutura quanto oferecendo incentivos à industrialização. Entretanto, assumiu também "a necessidade de atrair capitais estrangeiros, concedendo-lhes inclusive grandes facilidades. Desse modo, a ideologia nacionalista perdia terreno para o desenvolvimentismo" (FAUSTO, 2001:236).

Observa-se que, a ação estatal na economia do país tomou impulso no segundo governo Vargas, com a entrada do setor público em áreas básicas para a continuidade da expansão industrial, como a criação da Petrobras. Assim, nesse período, foram lançadas as bases de uma articulação entre os economistas e técnicos estatais e a mobilização política da opinião pública, objetivando-se o desenvolvimento com base no crescimento industrial. Isso implicava a atuação basicamente no setor urbano.

Essa tendência seria incorporada em programa de desenvolvimento pelo presidente Juscelino Kubitschek. Dois fatores contribuíram para a execução dessa política. Por um lado, o peso numérico e político do operariado. Essa classe exercia pressões para a melhoria de suas condições de vida, notadamente com movimentos grevistas. Outro foco de tensão estava na classe média, especialmente pelos funcionários públicos, que enfrentavam perdas em seus vencimentos decorrentes da inflação. Desse modo, verificava-se "forte insatisfação e tensões sociais precisamente nas áreas urbanas mais avançadas" (COHN, 1975:309).

É importante considerar as mudanças ocorridas no sindicalismo. Nesse governo, "lideranças sindicais de diferentes tendências começaram a perceber a dificuldade de articular o movimento dos trabalhadores, que ganhava amplitude na apertada estrutura oficial. Nasceram assim organismos que passaram a atuar paralelamente à estrutura oficial". Como exemplos citam-se o Pacto de Unidade Intersindical (PUI), criado em São Paulo, e o Pacto de Unidade e Ação (PUA), criado no Rio de Janeiro e atuando "no setor público ou em setores de utilidade pública controlados por empresas do Estado e concessionárias de serviço público". O PUA "preparou o caminho para a formação do Comando Geral dos Trabalhadores (CGT)". Observava-se, ainda, que se acentuou "uma tendência já existente em anos anteriores e que dizia respeito à área de atuação dos sindicatos. Ela foi se concentrando cada vez mais no setor público ou de utilidade pública". Eram organizações paralelas, mas os dirigentes sindicais politizaram os sindicatos. Desse modo, deveriam "apoiar a corrente nacionalista e as propostas de reformas sociais – as chamadas reformas de base –, entre as quais se incluía a reforma agrária" (FAUSTO, 2001: 237-238).

Sintetizando, as mudanças na política interna caracterizaram-se pelas modificações na rotina burocrática, com a criação de órgãos paralelos à administração pública ou de novas entidades; pelas mudanças no sindicalismo, com o surgimento de organismos que passaram a atuar paralelamente à estrutura oficial. Entretanto, manifestou-se a continuidade do governo no sentido de manter o movimento sindical sob controle e a continuidade da questão da estrutura fundiária, bem como o descaso com o campesinato, resultando na organização das Ligas Camponesas.

Em relação à política internacional, destacam-se aqui dois fatos, a criação da Operação Pan-Americana (OPA) e o rompimento com o Fundo Monetário Internacional, o FMI. Para conseguir êxito na execução do Plano de Metas, foi inevitável aumentar a dependência e internacionalização da economia brasileira, em relação aos países capitalistas que detinham o poder hegemônico. Isso influiu na política diplomática brasileira, que apoiava as políticas imperialistas. No final de seu governo, JK desviou-se dessa direção, lançando a OPA. Ao mesmo tempo, iniciava as gestões para ampliar o comércio com os países socialistas.

A OPA era um programa de desenvolvimento econômico multilateral, em longo prazo, que contava com o apoio dos Estados Unidos e de toda a América Latina. Nas palavras de JK, a OPA era "um processo de combate ao subdesenvolvimento, levado a efeito em termos continentais. O que se observava na América Latina – desníveis gritantes, vazios demográficos, áreas que pareciam irrecuperáveis – reproduzia-se no interior de nossas fronteira" (KUBITSCHEK, 1975:231).

Para Skidmore (1982:215): "O propósito real era assegurar o suporte americano para a consecução das ambiciosas metas econômicas da América Latina. Ele incluiria a concordância em medidas tais como acordos de preço de produtos primários e empréstimos públicos a longo prazo. Politicamente, tal compromisso daria aos governos progressistas democráticos (no Brasil a posição poderia ser descrita como 'nacionalismo desenvolvimentista') uma fonte inestimável de apoio externo tanto da direita quanto da esquerda, que procuravam sabotar qualquer desenvolvimento econômico sob auspícios democráticos".

Ainda é de Skidmore a afirmação: "A idéia de Kubitschek sobre a Operação Pan-Americana teve uma recepção visivelmente superficial em Washington, por Eisenhower e Dulles. Só depois do rompimento de relações com Fidel Castro que os Estados Unidos, apressadamente, lançaram uma versão atrasada da Aliança para o Progresso, programa multilateral, essencialmente similar ao que Kubitschek havia proposto".

Para cumprir o Programa de Metas sem comprimir os salários dos trabalhadores para concentração de dinheiro nas mãos da burguesia industrial, nem taxar essa mesma classe, JK apelou para o estímulo à inflação. Assim, emitiu moeda para financiar a empresa pública e a privada. O resultado foi o aumento dos preços. É claro que a inflação se deveu também a outros fatores, como os gastos com o ritmo acelerado das obras, especialmente com a construção de Brasília. Influiu ainda, a superprodução de café, sendo que os estoques que não eram vendidos eram financiados pelo governo – era a exportação em consignação.

Resumindo, verificaram-se mudanças na política externa, com a formulação de uma política independente, cujo ponto alto foi a Operação Pan-Americana. Com esse mesmo espírito de independência situa-se o episódio do rompimento entre o Brasil e o FMI. O governo deixa de aceitar a interferência externa na sua política econômica em geral e rompe as negociações com o FMI. JK iniciou uma nova era na nossa política externa. Até então, ela estava inteiramente subordinada aos interesses norte-americanos.

Tempos de energia criadora: manifestações culturais

A era JK identifica-se com o movimento de modernização do país. O projeto político tinha a finalidade de desencadear mudanças sociais, econômicas e políticas que transformassem a sociedade. Tratava-se de uma deliberada aceleração do ritmo de transformações da sociedade brasileira. Identifica-se também com o movimento estético e cultural, o retorno do modernismo. Para Ortiz (2000:184): "A modernização da sociedade tem, como contrapartida, uma reorganização da esfera cultural..." Assim, são dois movimentos que se articulam para a realização do projeto de um Brasil moderno. É pertinente referir outro estudo de Ortiz (1988:35), quando afirma "que a idéia do Modernismo como projeto pode ser tomado como um paradigma para se pensar a relação entre cultura e modernização na sociedade brasileira...".

Para esse antropólogo, é impossível compreender esses movimentos sem levar em consideração o "sentimento de esperança e a profunda convicção de seus participantes de estarem vivendo um momento particular da história brasileira". É ainda em Ortiz (1988:110) que se busca a definição desse momento: "A recorrente utilização do adjetivo 'novo' trai todo o espírito de uma época: bossa nova, cinema novo, teatro novo, arquitetura nova, música nova, sem falarmos da análise isebiana, calcada na oposição entre a nova e a velha sociedade".

De fato, construía-se uma tradição moderna e abriam-se novas oportunidades. Como assinala Ortiz (1988:110) referindo-se à década de 1950 e início da de 1960, para indicar que cultura e política caminhavam juntas, "várias das produções culturais do período se fizeram em torno de movimentos, e não exclusivamente no âmbito da esfera privada do artista. Bossa Nova, Teatro de Arena, Tropicalismo, Cinema Novo, CPC da UNE eram tendências que congregavam grupos de produtores culturais animados, se não por uma ideologia de transformação do mundo, pelo menos de esperança por mudança".

Caldeira (2002:30-32) caracteriza essa onda de modernização por um clima de otimismo que se instaurou no Brasil, envolvendo consideráveis forças sociais, num momento de crescimento econômico e de disposição do Estado para implementar o desenvolvimento e de tendência marcadamente democrática. Outra característica apontada refere-se à "inserção da cultura popular no horizonte de interesses das artes, dos movimentos de esquerda e da Igreja Católica".

A década de 1950 foi efetivamente de exaltação criadora. Esse momento fecundo da cultura encontrou suporte na difusão do rádio. Verificou-se um crescimento no número de emissoras, graças a uma legislação que passou a permitir a publicidade no rádio. Essa dimensão comercial permitiu a expansão da cultura popular de massa, que encontrou no meio radiofônico ambiente propício para se desenvolver. A era do rádio ficou marcada pela radionovela e por programas de auditório e músicas variadas.

No início dos anos 50, o samba-canção "abolerou-se (chegando-se à tentativa da criação de um hibridismo chamado de *sambolero*), a produção dos compositores das camadas mais baixas – considerada 'música de morro' – não chegava mais aos discos (exceção feita aos sambas de enredo das escolas de samba, beneficiados pela atração dos desfiles carnavalescos junto à classe média) e as criações baseadas no aproveitamento de sons rurais diluíram-se de vez nos arranjos de orquestra (caso do baião). Em fins da mesma década, um grupo de jovens representativos da classe média, reunia-se em Copacabana, levantando-se contra a decadência da música popular brasileira. Ocorria nessa época uma "clara separação social marcada pelo próprio desenho da geografia urbana: os pobres levados a morar nos morros e subúrbios cada vez mais distantes da zona norte", onde moravam os ricos e remediados" (TINHORÃO, 1990:245).

O isolamento desses jovens da classe média carioca deixou-os "completamente desligados da tradição musical popular da cidade, ante a ausência daquela promiscuidade social que havia permitido, até então, uma rica troca de informações entre classes diferentes" (*idem*). Esta separação iniciou "com a fase do samba tipo *be-bop* e abolerado" atingindo seu ápice "em 1958, quando um grupo desses moços da zona sul, quase todos entre 17 e 22, resolveu romper definitivamente com a herança do samba popular, para modificar o que lhe restava de original, ou seja, o próprio ritmo" (*idem*:246).

Ainda conforme Tinhorão (1990), esse distanciamento dos moços da percussão popular levou-os a substituir a "intuição rítmica, de caráter improvisativo, por um esquema cerebral: o da multiplicação das síncopas, acompanhada da descontinuidade do acento rítmico da melodia e do acompanhamento". Essa nova modalidade de compasso foi chamada de violão gago, na qual se fundamentava o acompanhamento dos sambas de bossa nova. "Essa experiência dos jovens da zona sul do Rio de Janeiro, na música popular brasileira, 'constituía um novo exemplo (não conscientemente desejado) de alienação das elites brasileiras, sujeitas a ilusões do rápido processo de desenvolvimento com base no pagamento de *royalties* à tecnologia estrangeira".

Desse modo, em lugar de simplesmente importar a música norte-americana, os criadores da bossa nova desenvolveram "um novo tipo de samba envolvendo procedimentos da música clássica e do *jazz*, e vocalizações colhidas na interpretação" de cantores de *jazz*. "O violonista criador da nova batida – que acabaria configurando o movimento da chamada bossa nova, com que a camada mais refinada da classe média se desvinculara, finalmente, da música do povo" – foi João Gilberto. Estava criado o samba de bossa nova, que logo seria transformado em moda-símbolo da juventude classe média (*idem*:248).

Ocorria a divisão de classe na música popular, na coincidência de que apenas uma minoria de jovens brancos da classe média atingia o nível cultural necessário para entender os signos sofisticados da bossa nova, resultando na "divisão entre os ritmos e canções cultivadas pelas camadas urbanas mais baixas, e a música produzida para a 'gente bem'". Assim, a música que permanecia sob influências culturais campo-cidade, correspondendo às camadas socioeconômicas mais desfavorecidas, passou a ser chamada tradicional, "representada pelos frevos pernambucanos, pelas marchas, sambas de Carnaval, sambas de enredo, sambas-canções, toadas, baiões, gêneros sertanejos e canções românticas em geral". Carlos Lyra foi o primeiro compositor do grupo da bossa nova que evidenciou preocupação com o excesso de informação norte-americana. Em 1957, compôs um samba em que cita o bolero, o *jazz*, o *rock* e a *balada*, fazendo crítica de sua influência na música brasileira (*idem*:249).

Bossa nova era "o moderno, o novo, o diferente, um estado de espírito. (...) formavam-se rodinhas de moças e rapazes em volta de alguém com um violão. Para cantar bossa nova, uma música que parecia ter sido criada para trilha sonora das praias carioca". Para esses jovens, "o Rio era a zona Sul, a praia de Ipanema e os bares de Copacabana. E o Brasil era o Rio e São Paulo e a construção de Brasília.(...) Tudo parecia muito distante do Rio de Janeiro no final dos anos 50, mas a bossa nova começava a aproximar os jovens cariocas dos de São Paulo, de Salvador, de Belo Horizonte e de Porto Alegre. O rádio entrava em decadência, o disco e a televisão começavam a crescer no ambiente de liberdade, modernização e entusiasmo dos Anos JK" (MOTTA, 2000:27-28).

No Rio de Janeiro, vivia-se intensamente, era entusiasmo e energia. A cidade se debatia entre o futuro e os resquícios do passado colonial. Era a euforia da despedida da capital. Jornalistas, pintores, cartunistas como Jaguar, Nahum Sirotsky, Carlos Scliar, Paulo Francis, Glauco Rodrigues, entre outros, reuniam-se no bar Gouveia, na Travessa do Ouvidor, discutiam idéias novas. Um dos resultados dessas discussões foi a criação de uma revista de vanguarda, a *Senhor*. Faziam parte desse grupo Ferreira Gullar e Antonio Callado. Outra turma de boêmios intelectuais reunia-se no bar Vilariño, como Fernando Lobo, Lúcio Rangel, Vinicius de Morais, Aracy de Almeida (SANTOS, 1999: 35-36).

Na segunda metade da década de 1950, espalhava-se o desejo de modernizar o país, de colocá-lo atualizado com as vanguardas. Vivia-se, assim, um tempo de transição na literatura, nas artes. Desenvolveu-se uma ampla renovação, notadamente no Rio, nos últimos anos em que a cidade foi capital. Como diz Bojunga (2001:472-473): "Não foi fenômeno carioca, mas brasileiro: o Rio foi apenas ponto de encontro de paulistas, baianos, maranhenses, mineiros, capixabas, piauienses, paraibanos, pernambucanos etc. nessa forja surge uma nova poesia, uma nova pintura, um cinema novo, um novo samba, um jornal novo". Em 1956, por exemplo, ocorreu a reforma gráfica do *Jornal do Brasil*, que foi típica dessa atmosfera cultural. "A reforma se desenvolve dentro da ampla renovação e experimentalismo formal do período JK. Fenômeno paralelo à construção de Brasília, ao neoconcretismo, à Bossa Nova, aos primeiros passos do Cinema Novo."

Em 1955, aconteceu "a primeira tentativa de modernização do cinema brasileiro marcada pelo neo-realismo italiano: *Rio 40º*, de Nelson Pereira dos Santos. (...) Nelson assumiu a bandeira da renovação, numa primeira tentativa de recusa das estéticas americana, francesa e além". A cultura cinematográfica difundia-se pela "proliferação dos clubes de cinema, publicações, festivais, debates, encontros". O Cinema Novo revela-se no auge nos anos 1960. Entretanto, "as sementes dessa filmografia são plantadas no período jusceliniano. A 'significação nascente' do Cinema Novo se relaciona com o descongelamento das mentalidades, a desenvoltura nos costumes, a depuração formal do período, o renascimento do 'lirismo participante'. Glauber dirá: 'O nosso Cinema é Novo porque o homem brasileiro é novo e a problemática do Brasil é nova e nossa luz é nova e por isto nossos filmes nascem diferentes dos cinemas da Europa" (*idem*.:478).

Sobre esse período, Cacá Diegues comenta: "Havia uma comunidade intelectual (...) Vivíamos os anos loucos do desenvolvimentismo, uma coisa que eu nunca soube se era para valer ou se era papo-furado. Mas que ajudava a viver, lá isso ajudava. Minha geração teve o privilégio de viver sua juventude durante esses anos de ouro do século, os anos de liberdade desenfreada, da onipotência adolescente, de descontraída irresponsabilidade. O futuro era para amanhã de manhã. O Brasil estava à nossa frente, tinha-se de correr atrás dele. Hoje a gente olha para trás para ver o Brasil. Aquela foi a era dos manifestos, hoje é a época dos balanços" (*apud* BOJUNGA: 480).

No final dos anos 50 e nos anos 60, o cinema novo foi uma reação "contra o que consideravam o baixo nível das chanchadas, e, dentro de uma postura nacionalista e engajada na denúncia dos problemas sociais, um grupo de cineastas e críticos deu novo sentido à filmografia brasileira" (MARANHÃO, *Retratos do Brasil*, n.16, s.d.).

O cinema novo foi um movimento de jovens que "tomaram a resolução de elevar o cinema brasileiro à classe de força cultural, coisa que ele não era e jamais tinha sido". O propósito era "colocar o cinema a serviço da fração intelectual e progressista da classe média, a fim de que ela possa afirmar sua inquietude e suas aspirações a respeito da situação brasileira". O movimento era contra os dramas e comédias de costumes ou musicais, considerados mistificações. Reclamava um cinema popular que abordasse os problemas do povo brasileiro, mostrasse os desequilíbrios sociais e tomasse posição. O cinema deveria agir sobre o público, como um fator de transformação social (BERNARDET, 1979: 170).

Vale a pena citar mais uma vez Bojunga (p. 481): "A ruptura daqueles anos não deve ser confundida com a busca frívola de modelitos. Havia uma renovação de tradições brasileiras..."

O cinema novo inspirava-se em uma ideologia política de modernização, que ruiu com o golpe militar de 1964. Os cineastas desejavam transformar a realidade, mas esta se mostrou mais forte. Conforme Bernardet (1979:182): "O cinema novo não chegou a interessar o que se concordou chamar o grande público, que perdeu contato com o cinema brasileiro, a partir do momento em que a comédia

Arte Moderna na nova capital.
(Reprodução de páginas da revista *Manchete*, 7 de maio, 1960)

musical praticamente desapareceu. Não se interessou pelo cinema novo senão quem já se interessava pelos problemas brasileiros".

Nas artes plásticas, no período JK, o destaque ficou para a arquitetura, que alcançou repercussão internacional. A construção de Brasília, símbolo de uma época, criou possibilidades incomuns para a afirmação da arquitetura brasileira. É oportuno citar Sodré (1976: 121): "Acontece, às vezes, também uma dessas oportunidades excepcionais, só passíveis de repetição de século em século, do tipo que foi, entre nós, a construção de Brasília, permitindo a um artista plástico como Oscar Niemeyer reunir, no mesmo conjunto urbano, uma série de obras que não apenas perpetuarão seu nome, mas também permanecerão como exemplo extraordinário e grandioso do desenvolvimento da arquitetura brasileira".

Dois candangos, Palácio do Planalto.
(Foto: Dorival Moreira/SuperStock)

Na criação de Brasília, o plano da cidade é obra de Lúcio Costa. De Niemeyer são os projetos dos edifícios significativos. O conjunto arquitetônico de Brasília foi projetado exclusivamente por ele, resultando disso a imposição de uma imagem de modernidade, além dos próprios limites da cidade projetada, gerando um sentimento popular de unidade, por meio da divulgação ampla de símbolos de grandeza da nacionalidade, que criou para a nova capital.

Na década de 1950, o cenário das artes plásticas brasileiras caracterizou-se "pela participação ativa do público e pelo intenso intercâmbio internacional". A Bienal de São Paulo foi responsável pela vinda de obras de artistas de diversos países, assim como facilitou a presença de obras de artistas brasileiros nos grandes centros internacionais. Nesse contexto de desenvolvimento industrial em que vivia o Brasil, da implantação da indústria automobilística, do povoamento da região Centro-Oeste e da construção de Brasília surgiram "o comunicador visual e o projetista industrial, ou *designer*, que nessa época se profissionalizaram, alcançando, ambos, não raro, considerável nível artístico" (VICTOR CIVITA, 1986:288).

Em relação à literatura, há continuidade do romance regionalista, mas surge o "romance introspectivo, cuja paisagem são as cidades oscilantes entre cosmopolitismo e provincianismo, onde uma classe média tenta se impor e se situar". Na ficção destacaram-se neste período, Lygia Fagundes Telles, Otto Lara Resende, Carlos Heitor Cony, Antonio Callado, Clarice Lispector, Autran Dourado, Josué Montello, entre outros. Quanto à poesia passava por um "apuro formal, associado ao desejo de expressar, imageticamente, a euforia progressista da época, que vai alimentar a Poesia Concreta" (BARBOSA, 1988: 17). Os principais representantes do concretismo são os irmãos Haroldo e Augusto de Campos, Décio Pignatari, Ferreira Gullar.

No período JK, o cinema novo, a bossa nova, as mudanças nas artes plásticas e na literatura sinalizaram as transformações que envolviam o cenário cultural e as dimensões políticas daquele período. Pequenos gestos que, em seu conjunto, mudaram o país.

Tomava-se uma atitude representada na disposição para harmonizar a cultura e a sociedade à estrutura socioeconômica e à ideologia do desenvolvimento modernizante.

Dimensões da sociabilidade: valores, comportamentos, lazeres

Desde que Juscelino Kubitschek assumiu o governo, em 1956, inaugurou-se um clima de euforia. Com a proposta de um conjunto de obras, o Plano de Metas prometia realizar em cinco anos o desenvolvimento que para outros levaria 50. A síntese desse otimismo revelou-se no ano de 1958. Como lembrou a *socialite* Carmen Mayrink Veiga, "a vida era mais risonha e franca entre nós". Eram tempos em que se vivia o auge do charme, da elegância formal. (...) Curtiam-se, sem muita consciência disso, os últimos momentos em que ninguém era careta ou doidão, alienado ou engajado, direita ou esquerda, vanguarda ou reacionário, brega ou chique" (SANTOS, 1998:10-12).

A turma da bossa nova aparecia. Composta de "ricos bem nascidos, curtindo a vida no que ela tinha de mais divertido, freqüentavam boates, restaurantes e "viviam amores ardorosamente correspondidos no caminho do mar". Existia também a turma do samba-canção: "boates à meia-noite, à meia-luz, amores que não davam certo, a cornitude existencial – eis o cenário básico. Fossa – eis a palavra". Ainda tinha o brega romântico. "Um bando de suburbanos cariocas, todos com cara de mau, e alguns bons moços paulistas são os roqueiros, garotos que os jornais filiam à juventude transviada com suas lambretas e rebeldias" (*idem*).

Era o tempo das Orquestras Severino Araújo, Valdir Calmon, Osvaldo Borba, entre outras. Não era diferente da América do

Norte, aqui também se admirava a grande Orquestra de Glen Miller. Os bailes eram suntuosos, de formatura, de debutantes. Eram as grandes festas da cidade, no Brasil de norte a sul. As moças de vestido longo, os rapazes de *smoking*. Eram os anos dourados. Nas boates, dançava-se ao som das canções francesas, as turmas avançadinhas preferiam o *rock and roll*. As bebidas da moda eram cuba-libre, mistura de Coca-cola e rum. Havia grupos e festas para todos os gostos. Nos bailes, o salão era bem iluminado, enquanto as boates funcionavam à meia-luz.

Os shows com grandes cantores da época, como Dick Farney, Claudete Soares, Cauby Peixoto, Maysa, Tito Madi, entre outros, movimentavam a antiga capital. Não faltavam os astros de renome internacional, como Louis Armstrong e Nat King Cole. Shows, teatro de revista, teatro rebolado, onde as vedetes faziam sucesso, tudo animava as noites cariocas. Algumas boates apresentavam um show, com piadas de duplo sentido político-sexual e apresentação de vedetes do teatro de revista. Eram muito apreciados os programas musicais, primeiro na rádio, depois também na televisão. Era famoso o *Um Instante, Maestro*, apresentado por Flávio Cavalcanti. Num desses programas foi revelado Emílio Santiago. Um programa de calouros na TV, comandado por Ary Barroso, revelou Ângela Maria (*idem*).

Ir ao cinema, pelo menos uma vez por semana, tornou-se obrigatório, de norte a sul do país. Os astros e estrelas de Hollywood tinham milhares de fãs. Era habitual colecionar fotos dos favoritos, as quais eram distribuídas pelos estúdios. A influência do cinema norte-americano sobre a conduta, especialmente da juventude brasileira, foi muito grande. "O jeito de sentar, de dirigir o carro, de acender o cigarro, de olhar a moça de lado, de namorar ao pôr-do-sol, de segurar um copo, de implicar com a moça, de ser esnobado por ela, de comer *fast-food*, de se dirigir ao garçom, as roupas que ela veste, o jogo de boliche, o meio sorriso sarcástico, a mudança repentina de humor, o truque de acender o isqueiro num golpe só, tudo vem da tela do cinema" (SEVCENKO, 1998:600).

E mais: "O mercado passou a ser invadido de xampus, condicionadores, bases, ruge, rímel, lápis, sombras, batons, um enorme repertório de cortes, penteados e permanentes, tinturas, cílios, unhas postiças". Os cenários de interiores de filmes também passam a influenciar os estilos, objetos e decoração das casas. O impacto foi intenso na mudança de comportamento, assim como nos padrões de gosto e consumo das pessoas na sociedade (*idem*).

Os cinemas ficavam lotados com as chanchadas. O filme popular brasileiro de comédia desfrutava de grande assistência; nestes, os grandes astros eram Oscarito e Grande Otelo. O namoro no cinema seguia a moral e os costumes da época, era muito romântico. Os namorados ficavam de mãos dadas e trocavam alguns beijinhos. Após o cinema, podiam jantar ou ir à sorveteria.

A antiga capital era o centro cultural e social do Brasil. O país inteiro ficava em busca de notícias nos jornais, nas revistas de grande circulação, no rádio e, por último, na televisão. Shows, festivais, concursos de Miss Brasil, fofocas da alta sociedade, tudo era de interesse. As colunas sociais dos jornais *Correio da Manhã*, *Brasil*, *Última Hora*, *Diário de Notícias* atendiam a essas curiosidades. Ficaram famosas as colunas de Ibrahim Sued e de Jacinto de Thormes (*idem*).

Os jovens dos anos dourados viviam com alegria e romantismo. Sábados à tarde costumavam ir à *matinée*; embora a palavra, de origem francesa, signifique manhã, aqui correspondia à sessão de cinema à tarde. Geralmente eram exibidos filmes musicais. No Rio, como lembra Faria Lima, costumavam, no primeiro sábado de cada mês, freqüentar a Sociedade Literária do Colégio Militar para dançar. Aos domingos, jogavam vôlei num clube da Tijuca. Algumas vezes, assistiam ao programa *Concertos para a Juventude*, que ocorria no primeiro domingo de cada mês, em um cinema na Cinelândia. Esse programa era apresentado pelo maestro Eleazar de Carvalho (*idem*).

A Praia do Flamengo (quando ainda não tinha o aterro com os jardins de Burle Marx) era freqüentada aos domingos; de segunda a sexta-feira, não iam à praia, só nas férias iam nos dias de semana. Sábados e domingos costumavam também ir a Copacabana. Das 9 às 17 horas ficavam na praia, tomavam banho de sol e de mar, jogavam cartas, paqueravam, andavam no calçadão (*idem*).

Para Bojunga (2001: 452-455), existia uma cultura das praias, "as duas peças diminuíam a cada ano e a pele alva saiu de moda". E, citando Paulo Mendes Campos: "O Alcazar do Posto 5 era tudo em nossa vida: o bar, o lar, o chope emoliente, a arte, o oceano, a sociedade e principalmente o amor eterno/casual".

Ainda, conforme as lembranças de Faria Lima, que morava na zona sul, o Rio era realmente uma cidade maravilhosa, não tinha violência. Voltavam para casa às 10 horas da noite. Vinham de bonde, desciam na parada próxima de sua residência, caminhavam três ou quatro quadras tranqüilamente. A rua sem edifícios, só de casas, era "particular", aí armavam rede de vôlei e jogavam. Vinham rapazes de outros bairros. As crianças também brincavam na rua, jogavam bola, as cinco marias, escravos de Jó. Eram freqüentes as festas de aniversário, quando se reuniam para danças e brincadeiras.

Nas cidades do interior, ao entardecer, colocavam-se cadeiras nas calçadas e vivia-se o tempo da sociabilidade que, no verão, estendia-se após o jantar. A praça, no centro da cidade, era um espaço de urbanidade, ornada de canteiros floridos, chafariz e coreto. As crianças corriam, brincavam de roda ou divertiam-se com outras brincadeiras, enquanto, sentados no banco da praça, os adultos conversavam. Era um tempo de convívio, de conversação, de afabilidades, de serestas e serenatas, de lirismo e romantismo.

As marchinhas de carnaval se referiam ao que acontecia durante o ano, no Rio de Janeiro, seus personagens, seus costumes. As músicas eram lançadas em novembro. As letras das marchas e dos sambas eram impressas e divulgadas em todo o país. Os carnavalescos, desde o final do ano, reuniam-se nos clubes sociais do interior para "ensaiar"; decoravam e cantavam as marchinhas mais difundidas pelo rádio. Era o tempo das marchinhas, dos blocos, das fantasias e dos mascarados, palhaços, pierrôs, colombinas e arlequins. Tempo da ingenuidade.

Conforme Santos (1998:111), as marchinhas "Eram pequenas reportagens, jóias que conseguiam amalgamar humor e síntese para mostrar, em meia dúzia de versos, cenas do cotidiano carioca. Por exemplo: ir ou não ir para Brasília, eis a questão que milhares de funcionários públicos, também conhecidos como 'barnabés', viviam desde a posse de Juscelino em 56. (...) Acabou, claro, em samba e marchinha. Havia um grupo de cariocas otimistas, doidos para seguir rumo ao planalto central – afinal iam ganhar diárias-dobradinhas". Estes foram defendidos por Sebastião Gomes, Átila Bezerra e Valdir Ribeiro, autores da marcha *Vamos para Brasília*:

"A idéia não é má
Nasceu de JK
Então vamos pra lá
Que vai ser um chuá".

A turma da oposição apresentou-se com um samba. Vale citar Cony (2002, 94-95): "(...) na iminência da mudança da capital para Brasília, a oposição passou a trabalhar junto aos funcionários federais, principalmente os servidores do Senado e da Câmara dos Deputados, tentando convencê-los a não aceitarem a transferência para uma cidade provisória, que logo seria desativada, causando transtornos na vida profissional e pessoal de cada um. Agiam nas repartições públicas, explorando casos individuais dos funcionários, problemas com a escolaridade dos filhos, a dificuldade de residir em casa própria, a impossibilidade de emprego num setor privado inexistente, o problemático abastecimento de gêneros alimentícios e de primeira necessidade, a falta de uma rede hospitalar condizente com o nível da população – tudo isso era lembrado aos que seriam obrigados a se transferirem para Brasília".

Aqui, parte da letra do samba da turma da oposição:
"Não vou pra Brasília
Nem eu nem minha família
Mesmo que seja
Pra ficar cheio da grana
A vida não se compara
Mesmo difícil e tão cara
Quero ser pobre
Sem deixar Copacabana" (SANTOS, 1998:112).

As rádios oficiais consideraram uma atitude de afronta ao movimento de convocação geral de transferência para a nova capital. Os versos diziam até que Brasília era coisa de índio e elas simplesmente a boicotaram, não tocando a música. De qualquer modo, o samba não teve sucesso, pois não tinha a vibração que o carnaval exigia. Entretanto, entrou para a história como uma exaltação aos prazeres oferecidos pela cidade do Rio de Janeiro (*idem*:111-112). Em 1958, a TV Tupi mostrou, pela primeira vez, o carnaval direto das ruas, com transmissão do desfile das escolas de samba, na Avenida Rio Branco, e do baile do Municipal.

Ao final do governo de JK, a inflação prejudicava a imagem de seu governo, penetrava no cotidiano dos brasileiros, sendo os assalariados os mais penalizados. Era percebida como algo danoso. A oposição, claro, estimulava essa visão, que adquiria força, penetrando até na música popular. Um exemplo é *Dá um jeito nele, Nonô*:

"Dá um jeito nele, Nonô.
Meu dinheiro não tem mais valô.
Meu cruzeiro não vale nada.

Já não dá nem pra cocada.
Já não compra nem banana.
Já não bebe nem café.
Já não pode andar de bonde
Nem chupar um picolé.
Afinal esse cruzeiro
É dinheiro ou não é?"

Cabe lembrar que Nonô era como, afetuosamente em família, chamavam JK, e, cruzeiro refere-se à moeda da época. É importante observar o espírito de humor do povo brasileiro, ao fazer a crítica das agruras em seu cotidiano de forma jocosa. É evidente que se trata da visão de um compositor; entretanto, ele não fez mais do que reproduzir a imagem que se veiculava no dia-a-dia das pessoas.

O rádio era o veículo de informação e de entretenimento. O Brasil se divertia à beira do rádio. Música, novelas, programas de humor, noticiário, ginástica. "A Rádio Nacional era a Rede Globo. Com uma diferença: tudo era feito aqui e, como dizia a propaganda antitelevisiva que circulou naquele ano [*1958*], você não precisava parar os afazeres de casa para ficar olhando" (SANTOS, 1998:149).

A programação da Rádio Nacional começava com a *Hora da Ginástica*, apresentada pelo Professor Magalhães. Entretanto, como atesta Santos: "Para um jovem de 58, ginástica no rádio vinha no mesmo pacote de torturas que óleo de fígado de bacalhau, revistinha de naturalismo sueco e banho frio na espinha – pura nostalgia dos garotos do Partido Verde, mas que na época eram o maior xaveco" [*pessoa ou coisa sem importância*].

O professor Osvaldo Diniz Magalhães malhava das 6 horas às 7h30, numa época em que a maioria não via nenhuma relação entre exercícios físicos e benefícios estéticos. Além disso, o estilo da moda era a "cheinha", corpo de violão.

A dinâmica aplicada para o aquecimento era executar os exercícios de levantar os braços, enquanto marchava na ponta dos pés, cantando: "Ginástica! Ginástica! Fonte de benefícios! De pé, Brasil! América! Firme aos exercícios!".

Convém lembrar que, nessa época, "fazer ginástica era a coisa mais cafona do mundo". Referindo-se à *Hora da Ginástica* no rádio, diz Santos (p. 150): "A coisa estava mais para civismos (...) do que para hedonismos... Na verdade o clima messiânico, de elevação, lembrava o dos programas de Júlio Louzada, às 18 horas na Rádio Tupi, o 'Oração da Ave Maria'. (...) E principalmente Alziro Zarur, o nome mais polêmico do rádio em 1958 (...) uma espécie de Edir Macedo (...) Prometia salvação – juro! – para quem colocasse um copo d'água em cima do rádio e orasse junto".

Em 1958, o "rádio de pilha entra em cena e é num deles que o presidente JK ouve, no Catete, o jogo final do Brasil na Copa. O grande exibicionismo é levar o rádio para a areia da praia. Junta gente, admirada com os rumos da tecnologia" (*idem*:183).

Nos anos 50 circulavam revistas que tratavam de "assuntos femininos", como *Jornal das Moças*, *Querida*, *Vida Doméstica*, *Você*, e as revistas de grande porte, como *Cruzeiro* e *Manchete*, incluíam seções para mulher. O modelo veiculado era de família "branca, de classe média, nuclear, hierárquica, com papéis definidos – regras de comportamento e opiniões sobre sexualidade, casamento, juventude, trabalho feminino e felicidade conjugal.

Essas imagens, mais do que refletir um aparente consenso social sobre a moral e os bons costumes, promoviam os valores de classe, raça e gênero dominantes de sua época" (Bassanezi, 2001:609).

Assim, nos anos 1950, o cinema e as revistas serviram de fonte de informação e influenciaram a realidade das mulheres da classe média. No final da década, a televisão passa a cumprir também essa função.

Na mentalidade dos anos dourados, predominava, especialmente na classe média, a idéia de que as mulheres nasciam para ser donas-de-casa, esposas e mães. Davam enorme importância ao casamento. Essas eram noções "presentes nos conselhos de uma mãe à sua filha, nos romances para moças, nos sermões de um padre, nas opiniões de um juiz ou de um legislador sintonizados com o seu tempo" (*idem*:608).

A educação da menina incutia-lhe a noção de que ela deveria ser boa mãe, exemplar esposa e dona-de-casa. Assim, o objetivo de vida das moças solteiras era casar e ter filhos. O aprendizado para o exercício dessa vocação incluía noções de economia doméstica, de bordado, costura, etiqueta e culinária. Eram marcas de feminilidade, a maternidade e a dedicação à vida doméstica, em contraposição à masculinidade, marcada pela participação no mercado de trabalho, o vigor e o espírito de aventura.

O processo de urbanização, na década de 1950, contribuiu para alterar alguns padrões culturais. Os espaços de moradia, trabalho, lazer e estudo tornavam-se distantes. Os deslocamentos efetuavam-se em bondes, ônibus e automóveis. Novas possibilidades de convivência entre rapazes e moças apresentavam-se, como a freqüência a piscinas e praias, ao cinema, a festas, bailes, boates. À noite, em ruas centrais, faziam o *footing*, ou seja, as moças desfilavam no meio da rua, em dupla ou em grupos maiores, enquanto os rapazes ficavam ao longo da calçada, em pequenos grupos, conversando. E, assim, praticavam o flerte, ou seja, havia uma troca explícita de olhares a cada passagem das moças. Na mesma noite, ou em *footing* subseqüente, se estava mesmo interessado em namorar, o rapaz tomava a iniciativa de falar com a moça.

Sob a perspectiva atual, a vida naquela época significava confiança, urbanidade, romantismo, ingenuidade. Não existiam metrópoles e as cidades brasileiras não apresentavam a violência de hoje. De um modo geral, as cidades cultivavam dimensões humanas. Havia pobreza, mas não se via a miséria de hoje. O povo acreditava no progresso do país, o sentimento de brasilidade era forte. O novo, o moderno, a visão otimista predominavam no ânimo dos brasileiros.

Cabe citar Cristovam Buarque (1995:76): "(...) até recentemente o futuro era sempre melhor que o passado. (...) Ao tomar consciência dos problemas e de suas causas, o homem sente nostalgia do tempo de sua inocência: quando tinha a crença absoluta na técnica que ele criava e na utopia para a qual parecia caminhar graças a ela. A partir do final dos anos 1980, surge uma nostalgia do passado. Os anos dourados passam a ser os 1950 e não os 2000".

IMAGENS E IMAGINÁRIO: DIMENSÕES SIMBÓLICAS

Toda realização humana – e aqui se trata, de modo especial, dos atos políticos – mantém um diálogo tanto com o passado e a tradição, embora muitas vezes para negá-los, quanto com o presente da sociedade em questão. Neste capítulo, quer se desvendar a imagem de Brasília, construída ao longo da era JK, como representação que influenciou a identidade coletiva do povo brasileiro naquele período. Assim, é necessário descobrirem-se os planos dos discursos, das linguagens e dos símbolos para se compreender a fusão provocada entre a narrativa e a realidade social analisada.

Considera-se que toda construção mental humana apresenta dois aspectos. Um firmado no tempo, na tradição; outro, inovador, afirma novos valores, interrompe o sistema simbólico predominante e cria novos complexos imaginários. De qualquer maneira, ocorre sempre um diálogo com a realidade social. Desse modo, recorrer às representações nos discursos da época implica buscar a compreensão das formas como uma determinada população compreende sua sociedade em um dado tempo. E, por efeito, conhecer como essa parcela social participa da nova configuração da realidade social circundante.

É importante esclarecer o sentido dado aqui para imaginário; trata-se de uma visão de mundo, um modo de ver o mundo, de representá-lo. O "imaginário é uma força coletiva, um elemento fundamental da consciência, um poder mediante o qual produzimos representações globais da sociedade e de todo aquele que nela se relaciona" (FLAUSINO, 1999:44).

Um primeiro olhar sobre a fundação de Brasília recolhe-se de Durand (1996) que vê o imaginário brasileiro como o inverso do imaginário português. Esse é o devaneio, com um olhar obstinadamente voltado para o largo oceânico. "É sempre em direção ao largo – do oceano ou da alma – que vai a vocação portuguesa, 'vocação do impossível', até mesmo do excesso – num povo, aliás, tão comedido".

Enquanto, diz Durand (1998:198-201), "o imaginário novo do Brasil está enterrado na gigantesca terra (80 vezes a superfície de Portugal) tão variada que se estende da Amazônia ao Rio Grande do Sul. Imaginário da terra, e, quem diz terra, diz feminilidade. Pura constelação imaginária à partida, onde a fecundidade agrícola, a fecundidade fluvial e a fecundidade florestal se conjugam com o ventre mineiro do Eldorado. Em seguida, conjugação histórica e cultural, (...), conjugação com o estatuto cultural da mulher brasileira". E prossegue: "este imaginário da feminilidade e do seu sucedâneo, a natureza igualmente polimorfa, traduz-se nas intenções profundas da história e da política do Brasil".

Para este pensador, é insólito o deslocamento da capital: "Estabelecida na origem, como deve ser, na costa nordeste, na esplêndida Baía de Todos os Santos da Bahia, ela emigra mais tarde para o Rio de Janeiro. (...) A migração prossegue, abandona o litoral e penetra no interior das terras (...) Brasília, uma cidade toda ela implantada nas profundezas do Goiás, a 700 quilômetros do oceano... esta penetração das terras é igualmente uma penetração telúrica. (...) Após o esgotamento relativo das minas de Minas Gerais, verifica-se, a partir do século XIX e ao longo do século XX, a penetração do Brasil nas suas terras últimas: a Amazônia" (*idem*:201-202).

É fundamental a observação de Durand de que estas são superestruturas econômicas, e "não devem fazer perder de vista a continuidade do sonho brasileiro de penetrar na terra pátria", pois as verdadeiras infra-estruturas são de ordem mental.

Cada sociedade elabora uma imagem do mundo onde vive, buscando um conjunto significante. Nessa elaboração de uma ordenação do mundo, são produzidas as crenças, os mitos os símbolos, as ilusões, as ideologias. Cabe destacar que "nas sociedades contemporâneas, a construção da notícia faz parte desse processo e é também resultado dele". Na produção da notícia, o imaginário "é utilizado com o objetivo de mobilizar e de evocar imagens já previamente criadas, publicizadas, utilizando o simbólico para exprimir-se e para existir" (FLAUSINO, 1999:42-44).

A construção de Brasília foi uma intervenção direta do poder sobre a realidade que alterou as condições simbólicas originárias. Verificam-se dois simbolismos em relação ao passado histórico. De um lado, subsiste a intenção de relacionar o fato a um sentimento de brasilidade desde os tempos da colônia. Um belo exemplo é essa mensagem veiculada no dia da inauguração:

"A data de 21 de abril para a transferência da Capital Federal para o planalto de Goiás, coincidindo com a data em que a nação celebra relevante episódio de sua história – a Inconfidência Mineira – tem o alto sentido de reafirmar a independência almejada pelos idealistas da então Vila Rica do século XVIII. (...) Brasília, obra ciclópica com que o presidente Juscelino Kubitschek de Oliveira cumpre o dispositivo constitucional, é fulgurante manifestação dos ideais revolucionários dos inconfidentes mineiros, pois propicia à nação condições ideais para a consolidação de sua independência, ao permitir que os supremos poderes Executivo, Legislativo e Judiciário melhor auscultem os indômitos anseios da brasilidade" (*Diário do Paraná*, Curitiba, 21.4.1960).

Por outro lado, há um propósito de relacionar a nova capital ao rompimento com um passado arcaico. Progresso, desenvolvimento, moderno, modernidade são os conceitos-chave para anunciar a inauguração de Brasília.

O Plano de Metas de JK promoveu uma política de conciliação ideológica, conseguindo reunir partidos políticos antagônicos sob a ideologia do nacional-desenvolvimentismo. Brasília corporificou as aspirações de desenvolvimento e modernização do país que resultariam da industrialização levada a efeito; da superação de uma estrutura agrária, centrada em regalias; da ocupação planejada do território brasileiro. Assim, a construção de Brasília provocou expectativas econômicas, sociais, políticas e culturais.

Na realidade, "desenvolvimento assumiu o fascínio de uma palavra mágica na vida brasileira, no qüinqüênio 1956-1961. Para procurar honrar a sua promessa eleitoral de cinqüenta anos de progresso em cinco de governo, logo no dia seguinte à posse festiva, Kubitschek criava o Conselho de Desenvolvimento, primeiro órgão de planejamento instituído no Brasil para atuar de forma permanente" (*Veja*, agosto, 1976:29).

Uma época define-se pelos fatos e pelos modelos propostos. Na era JK, esses modelos integravam-se na ótica da modernidade, propunham analogias que continham as aspirações essenciais da época, dos setores sociais culturalmente desenvolvidos. A disposição afirmativa, construtiva, de JK para modernizar o Brasil exerceu forte influência no imaginário do povo brasileiro. As formações do imaginário foram estimuladas por idéias positivas, pelo sentimento de confiança. No caso, gerado pelo discurso, pelas representações políticas, pelo panorama das obras. Respirava-se otimismo.

A questão do desenvolvimento do país assumiu a condição de prioridade para o governo. E o povo foi tomado de entusiasmo,

Catedral de Brasília, DF. (Foto: Dorival Moreira/SuperStock)

de esperança e otimismo. A opção foi pela concretização do sonho. Estavam reunidos os componentes mobilizadores de um processo transformador. Realizaram-se obras de vulto, como a constituição de uma indústria pesada, a abertura de estradas e a própria inauguração de Brasília. Simultaneamente, difundia-se uma espetacular propaganda desse progresso.

O imaginário político fundamentava-se na ruptura com o passado colonial apoiado na idéia de modernidade. Desse modo, amparada num imaginário fundado pela criação de Brasília, era anunciada a negação do passado. A construção do discurso dominante e da imagem-síntese do Brasil, no período, centrava-se na idéia-chave de "50 anos em cinco". A linguagem-síntese articulava modernidade, modernização e desenvolvimento e, assim, reiterava a identificação do Plano de Metas como portador do interesse geral do povo brasileiro. Anunciava-se uma nova ordem, um novo tempo, apontando para outra estrutura social que se materializava no progresso, no ritmo frenético das obras.

Para que a imagem de modernidade, construída com Brasília, tivesse base na realidade, devia transbordar a nova capital e fundir-se à imagem mais geral do país. Assim, para que essa imagem tivesse base na realidade, o conjunto da nação devia impregnar-se de brasilidade. A mídia conseguiu tornar o mito da brasilidade coerente com a realidade e lhe conferiu uma manifestação inteligível para o povo.

A reivindicação de um Brasil moderno, marcado pelo progresso, mostrava-se mais vigorosa porque estava relacionada ao carisma de JK, o "presidente sorriso". A alegria tornou-se um mito que acompanhava a imagem política e humana de JK. Mito que persiste até hoje e que alimentou a esperança de sua intervenção para iniciar uma era de progresso. Desse modo, as idéias de alegria, otimismo, generosidade, ousadia passaram a fazer parte do imaginário dos brasileiros, como elementos sintéticos da imagem-mito.

A fixação da imagem-síntese de brasilidade, articulada à de modernidade e otimismo, fez-se pelo uso recorrente dos discursos, pelo marketing político, pela força da mídia. Na era JK, vivia-se a expectativa de afirmação de uma brasilidade comprometida com um projeto democrático e modernizador, e de um governo disposto a realizar a integração dos brasileiros à modernidade e ao Centro do Brasil, concretizado em Brasília.

É importante frisar que Brasília procede do urbanismo modernista, da escola de Le Corbusier, o mais importante arquiteto do século 20. Em sua concepção, esse urbanismo implicava um modelo de cidade com uma proposta de espaço de tipo novo, contraposto sob diversos aspectos àqueles das cidades históricas. Significa dizer, um espaço homogêneo, desprovido de direção, livre de qualquer valor cultural simbólico ou histórico.

Em Brasília, embora tenha ocorrido uma ruptura em suas bases urbanísticas, em relação ao passado colonial, sua construção teve um forte apelo simbólico, exatamente para significar um país novo, uma cultura nova, uma nova mentalidade. E, mais, Brasília não criou um espaço homogêneo, "tem eixos, perspectivas e sem dúvida buscou uma alta representatividade nos edifícios públicos, foi uma cidade criada para atender a estratégias políticas e econômicas, com alto valor simbólico. Entretanto, rompeu com o urbanismo tradicional pela vastidão e indefinição dos espaços abertos" (BASTOS, 2003:95-96).

Para Ramirez (1998:24-25), pessoas que vêm de outros estados ou países, ao chegarem a Brasília, "cidade ímpar, que não tem nada a ver com qualquer outra cidade", sentem um estranhamento. Brasília "assusta aqueles que a tocam pela primeira vez. Os latino-americanos são os mais perplexos, por estarem habituados a cidades cuja arquitetura é a memória viva dos tempos coloniais que correm em nossas veias mestiças".

E, ainda hoje, quem chega a Brasília pela primeira vez sente um impacto por deparar com o inabitual. Na capital brasileira não há esquinas nem becos, não existem ruas e avenidas com

Brasília, um pontapé no pessimismo. (Reprodução de páginas da revista *Manchete*, 7 de maio, 1960)

nomes de personalidades ou datas. As vias, quadras e setores são identificados por letras e números, dispersos entre as asas Norte e Sul.

A centralidade conferida à transformação físico-espacial do Brasil na busca da modernidade era demonstrada pela nova capital. Assim, a materialização do plano de modernização do país ocorre pela construção de uma cidade moderna, pela abertura de estradas, pela vinda de empresas estrangeiras no campo da indústria automobilística, naval, química, mecânica etc. O projeto de modernização do país encontrou vigor na construção de uma nova imagem nacional, na positividade da identidade a ser construída e no orgulho de ser brasileiro. A conjugação desses dois elementos conferiu eficácia à representação social que estava sendo construída.

Dessa forma, um dos pontos de convergência do projeto de modernização do país recaía na arquitetura de uma nova imagem nacional. Necessitava-se para tanto que o imaginário do Brasil assumisse um novo modelo, que transformasse, na esfera da consciência coletiva, a aspiração de um novo país. E essa imagem do país encontrou suporte na difusão de um novo imaginário social. A construção desse imaginário social constituiu-se em requisito para uma relação de dominação, instrumento necessário para legitimar o poder.

O termo objeto de fetichismo era modernidade, que contém todas as qualidades que se deveria atingir. O imaginário construído anunciava um novo tempo, uma nova ordem. Os registros do imaginário vinculados à nova imagem indicavam novos comportamentos, novos valores, novos costumes.

No governo JK, o processo de construção ideológica sobre a mudança nacional apoiou-se não só na psicologia social e no marketing, mas também contou com um significativo apoio da TV e do rádio. A velocidade, na época, foi essencial para o alcance das massas da informação e produção dos bens de significado simbólico, especialmente pelo rádio de pilha e pela televisão. Ressalta-se a presença da linguagem visual, que poupa e dispensa o discurso verbal.

A fixação das imagens-síntese fez-se pelo uso recorrente de discursos de celebração à técnica, à velocidade, à inovação, à ousadia, ao pioneirismo. O discurso desenvolvimentista conquistou a maioria dos brasileiros. A aceitação da mudança da capital foi aceita como solução para a "interiorização do desenvolvimento". Nas palavras de JK: "Assim estava sendo construída Brasília. Velocidade. Espírito de pioneirismo. Audácia de fazer acordar um país que vivera dormindo durante quatrocentos anos" (KUBITSCHEK, 1975:70).

Na realidade, a construção de Brasília foi um feito espetacular; em apenas 42 meses foi criada do nada, no cerrado, uma capital. Executada num ritmo de desvario. Um ritmo de Brasília. O "ritmo de Brasília" é assim definido por Couto (2001:239): "De dia e de noite, todos os dias, exceto domingos e dias santos. Necessidade de política, coragem, intuição. Talvez nessa ordem. Acrescente-se generosa pitada de espírito bandeirante (...) e também de gosto por grandes desafios e decisões..."

Conforme Marian Guimarães (*Gazeta do Povo*, 22.4.04. Turismo, p. 3): "Juscelino Kubitschek construiu Brasília a toque de caixa. Imprimiu um ritmo alucinante, sem se importar com os custos (a construção da capital federal consumiu US$ 500 milhões). Sua inauguração tornou-se fundamental para qualquer passo político do ex-presidente que dizia: 'É preferível fazer o supérfluo, porque o necessário será feito de qualquer maneira'".

A concepção de Brasília estava relacionada com a ideologia nacionalista que defendia os grandes projetos nacionais. Sua concepção urbanística seguiu os princípios modernistas da Carta de Atenas. Assim, o plano original pretendia uma cidade de espaços democráticos e igualitários, deveria ser a imagem antecipada de um futuro grandioso para a sociedade brasileira. Brasília se transformou em um símbolo do urbanismo moderno. Dadas as características modernistas de seu traçado urbano

Brasília: maioridade chegou cedo. (Reprodução de páginas da revista *Manchete*, 7 de maio, 1960)

e de sua arquitetura, foi tombada pela Unesco como patrimônio da humanidade.

Cabe citar Silveira (1999:147): "A legitimação da capital combinava com a mitologia do Novo Mundo e associava a teoria do desenvolvimento, presente na atuação governamental daquele período, à construção da capital e à fundação de um novo Brasil". Nessa concepção, destacaram-se na construção de Brasília o gigantismo e o isolamento.

É interessante ressaltar que o discurso enaltecedor da modernidade carecia de uma visão voltada também para o passado. A propósito, é oportuno citar Magalhães: "Brasília é o exemplo preferido e perfeito do que é o processo histórico (...) em 1821 foi concebida em termos de idéia. (...) foram precisos 150 anos para que esta idéia fosse convertida em ação. (...) De todo o patrimônio (...) que no caso de Brasília é cimento e ferro – Brasília é o único que representa, ao mesmo tempo, um passado e um futuro. (...) havia os componentes capazes de síntese, da grande síntese da compreensão brasileira, através da arquitetura. (...) Não tem sentido a memória apenas para guardar o passado (...) A tarefa de preservação do patrimônio cultural brasileiro, ao invés de ser uma tarefa de cuidar do passado, é essencialmente uma tarefa de refletir sobre o futuro".

Nos anos 50, havia a crença de que a arquitetura modernista pudesse melhorar o mundo. Na instituição da arquitetura moderna no Brasil, o discurso de Lúcio Costa indicou relações da arquitetura moderna com a criação da identidade nacional e o propósito modernizador do país. No final dos anos 50, prevalecia a idéia de projetos arquitetônicos como manifestações de soberania, "a idéia de emancipação de nossa cultura técnica e artística, de defesa da nacionalidade" (BASTOS, 2003: 249).

Hoje, ultrapassados os sonhos socialistas do modernismo de que a arquitetura moderna pudesse humanizar o mundo, a cidade permanece como símbolo de uma época. Paul Goldberger, a partir da afirmação de que as idéias de Lúcio Costa e Niemeyer "estão há muito desacreditadas", questiona: "Por que então, Brasília parece mais atraente que nunca?" E responde: " O apelo deve-se em parte à nostalgia. A visão utópica que deu origem à cidade é tão antiga, tão desconectada da vida contemporânea, que se torna encantadora. E as formas modernas de Brasília são surpreendentemente líricas" (GOLDBERGER, *apud* Bastos, 2003: 234).

Couto (2001:236) observa que a arquitetura de Brasília sempre será discutida. "Estilo, originalidade, beleza, funcionalidade, tudo. Afinal, ela é o marco urbano futurístico do ideal desenvolvimentista de Kubitschek. E também instrumento e símbolo superior da decisão política estratégica que redefiniu a direção e o sentido do desenvolvimento nacional". Para esse autor, "Juscelino pensava grande. Grande e longe". E relembra palavras de JK: "O que pretendi com (...) a construção de Brasília foi dar um arranco no país, para que ele acordasse, pusesse em ação suas energias latentes, compreendesse, enfim, que era uma nação e, como tal, deveria disputar seu lugar no cenário internacional".

Aldo Zaban considera Brasília uma epopéia. Em seu depoimento a Couto (2001: 252) diz: "Nós passamos mais de quatrocentos anos como ostras incrustadas nas pedras do litoral.

Olhando o mar e deslumbrados com as luzes que vinham da Europa. Não enxergávamos o próprio umbigo. A partir de Brasília, começamos a enxergar o mundo de outra maneira. A acreditar nas nossas potencialidades. Tomamos consciência de nossa grandeza, de nosso povo".

É digno de menção um trecho do discurso de JK, na abertura das solenidades da inauguração de Brasília, ao receber a chave simbólica da cidade: "Sou apenas o guardião desta chave. Ela é tão minha quanto vossa, quanto de todos os brasileiros. (...) Falei em epopéia e retorno à palavra para vos dizer que ela marcará sem dúvida, época, isto é, o lugar do céu em que um astro atinge o seu apogeu. Chegamos hoje, realmente ao ponto alto de nossa obra. Criando-a oferecemos ao mundo uma prova do muito que somos capazes de realizar e a nós próprios nos damos uma extraordinária demonstração de energia e mais conscientes nos tornamos das nossas possibilidades de ação. Brasília só pode estar aí, como vemos e já deixando entender o que será amanhã porque a fé em Deus e no Brasil sustentou a todos nós, a esta família aqui reunida, a vós todos, dando-nos orgulho de a ela pertencer".

O orgulho de ser brasileiro, a idéia de grandeza e a crença num país que dava certo foram os elementos do imaginário que construíram uma nova mentalidade, otimista em relação ao país e à vida cotidiana. Os fatos eram visíveis, a construção de Brasília, a abertura de estradas, a instalação de indústrias, a valorização do interior. Percebiam-se as condições de progresso.

Cabe citar *Veja* (Edição Extra, agosto 1976:27): "Era como se, de repente, tudo fosse possível para todos – ou, pelo menos, assim parecia. Tamanha esperança não se nutria apenas das palavras empolgantes dos discursos de Kubitschek, nem das construções teóricas elaboradas pelos pensadores" do ISEB. "É porque, além disso, havia efetivamente uma base palpável para o otimismo do homem comum: nunca antes, por exemplo, como de resto nunca depois, o salário mínimo real subiu tanto quanto naqueles anos – o que escamoteava aos olhos da maioria a tendência a um crescimento cada vez mais perigoso". Nas palavras do historiador José Honório Rodrigues, "havia a sensação de que o triunfo pertencia a todos".

Reforça-se a idéia de que a mídia tem um papel relevante na construção das representações sociais da sociedade nacional pelo povo que a constitui. A matéria jornalística, veiculada na semana da inauguração de Brasília, aqui analisada no primeiro capítulo, serve de exemplo. A propaganda oficial, impregnada pela ideologia nacional desenvolvimentista, conferiu legitimidade à mudança da capital para o Planalto Central, pela reprodução de fatos que enfatizavam o caráter simbólico da construção de Brasília. O crescimento econômico e a internacionalização de setores básicos da economia alinhavam-se ao desenvolvimentismo e ao nacionalismo.

Para Cony (2002:85), o perfil psicológico do brasileiro começou a mudar: "(...) reinava um clima de euforia, clima este que se espalhou pela vida nacional, aos poucos, sim, mas seguramente. A classe média, que não tinha acesso aos bens de consumo mais sofisticados, de repente descobriu que podia ter um carro zero-quilômetro, uma nova geladeira, um aparelho de TV maior, a oferta de empregos era grande e, se havia um início de inflação, o próprio governo criara mecanismos compensatórios que corrigiam os salários dentro de uma escala suportável".

Esse momento histórico coincidia com a vitória da equipe brasileira de futebol, em 1958. Pelé recebendo o aperto de mão do rei Gustavo, da Suécia, tornou-se, naquela circunstância, o símbolo vivo da dignidade do povo brasileiro. Brasil, Brasília, o povo, como o futebol, conquistava uma vitória. E esse povo passou a confiar em suas capacidades, a acreditar não apenas no futuro, mas num presente grandioso.

Brasília transformou-se num símbolo do urbanismo moderno, por tais características foi tombada como patrimônio da humanidade. As imagens arquitetônicas no dia de sua inauguração

Imagem-símbolo: Brasília na data de sua inauguração. (Reprodução de páginas da revista *Manchete*, 7 de maio, 1960)

21 de abril de 1960   107

sobressaem-se às das pessoas, inclusive de seu próprio criador, Juscelino Kubitschek, e de seus artífices, Oscar Niemeyer e Lúcio Costa.

Esta foto, em que predominam duas linhas verticais, retratando as duas casas do Congresso – a Câmara e o Senado – e uma linha horizontal reproduzindo a imagem da multidão, provoca um impacto. Revela-se uma ordem desmedida, na qual se estabelece uma desproporção entre a pequenez de milhares de pessoas e a grandeza de duas linhas verticais dos edifícios. A massa humana diminui, absorvendo-se na continuidade da linha horizontal. Na paisagem, imperam, como um único bloco, os dois prédios do Congresso.

Diante dessa disparidade, pergunta-se, onde encontrar a continuidade do ser humano? Cabe, ainda, uma outra pergunta: significaria a ruptura do espaço arquitetônico – sede do poder – com o povo? Entretanto, alargando o olhar, na observação desse universo em perspectiva, de horizonte aberto, amplo, percebe-se a temporalidade, e, nessa percepção, pode-se vislumbrar o futuro...

CONSIDERAÇÕES FINAIS

É isto, o sonho foi menor do que a realidade.
Lúcio Costa

*Os prédios de Brasília devem ser concebidos para gente livre
e feliz, capaz de apreciar coisas simples e puras.*
Oscar Niemeyer

Neste texto, teve-se como objetivo analisar Brasília como um marco na sociedade brasileira. A questão central buscou discutir se a construção da nova capital representou uma ruptura ou a continuidade do processo histórico brasileiro. A esta altura, é possível tecer algumas considerações.

A transferência da capital federal para Brasília pode ser vista como ruptura, embora se reconheça a presença de muitos traços predominantes de um longo passado. Foi um momento novo, quando os discursos, em referência ao país, buscavam a construção de um novo objeto de representações sociais sobre o Brasil. Significou uma ruptura que, de um lado, levava a pensar o Brasil (agrário/atrasado) e a capital no Rio de Janeiro como problemas; de outro, via-se na Região Centro-Oeste a possibilidade de um novo centro de poder. Esse deslocamento do eixo político deu origem a novas representações sociais que se elaboraram naquela época.

Brasília é, em síntese, uma ruptura com uma época, com uma sociedade. Remete a um novo discurso, a um novo imaginário, articulados para representar uma nova ordem, um novo tempo de Brasil que se construía.

O reinventar o país a partir da construção de Brasília impôs a tarefa de reconstituição dos mitos criadores da sociedade, da reconstrução de uma outra imagem e da construção de um novo vocabulário, capaz de significarem o Brasil moderno. Desse modo, no esforço de se elaborar uma visão moderna do país e da sociedade brasileira, foi conferida centralidade à nova capital, como síntese de um Brasil em desenvolvimento.

Nessa conjuntura, construíram-se outras categorias sociais para tornar inteligível o cenário nacional que estava sendo construído. As novas representações sociais estruturaram uma síntese que levou a se perceber o Brasil como um país inserido na modernidade.

BIBLIOGRAFIA

LIVROS

ALBUQUERQUE, M.M. *Pequena História da Formação Social Brasileira.* Rio de Janeiro: Graal, 1981.

ANDRADE, Carlos Drummond de. *Seleção de Textos, Notas, Estudos Biográfico, Histórico e Crítico.* São Paulo: Nova Cultural, 1988.

BALANDIER, Georges. *O Poder em Cena.* Brasília: Ed. Universidade de Brasília, 1982.

_____ *O Contorno: Poder e Modernidade.* Rio de Janeiro: Bertrand Brasil, 1997.

BANDEIRA, L.A. Moniz. *O Governo João Goulart. As lutas sociais no Brasil 1961-1964.* Rio de Janeiro: Revan; Brasília, DF: Ed. UnB, 2001.

BASSANEZI, C. *Mulheres dos Anos Dourados.* In: DEL PRIORE. *História das Mulheres no Brasil.* São Paulo: Contexto, 2001.

BASTOS, M.A.J. *Pós-Brasília. Rumos da Arquitetura Brasileira.* São Paulo: Perspectiva, Fapesp, 2003.

BENEVIDES, M.V.M. *O Governo Kubitschek. Desenvolvimento econômico e estabilidade política 1956-1961.* Rio de Janeiro: Paz e Terra, 1979.

BERMAN, Marshall. *Tudo Que É Sólido Desmancha no Ar: a aventura da modernidade.* São Paulo: Companhia das Letras, 1986.

BERNARDET, Jean-Claude. O Cinema Novo e a Sociedade Brasileira. In:

FURTADO, Celso. *Brasil: Tempos Modernos*. Rio de Janeiro: Paz e Terra, 1979.

BUARQUE, C. A *Cortina de Ouro: os sustos do final do século e um sonho para o próximo*. São Paulo: Paz e Terra, 1995.

BUENO, Eduardo. *História do Brasil: os 500 anos do país em uma obra completa, ilustrada e atualizada*. São Paulo: Empresa Folha da Manhã, 1997.

BOJUNGA, Cláudio. *JK, o Artista do Impossível*. Rio de Janeiro: Objetiva, 2001.

CALDEIRA, J.R.C. *IEB: origem e significado*. São Paulo: Imprensa Oficial do Estado, 2002.

CARONE, Edgard. *A República Liberal. I Evolução Política*. São Paulo: Difel, 1985.

_____ *A República Liberal. II Evolução Política (1945-1964)*. São Paulo: Difel, 1985.

CASTELO BRANCO, L. Brasília: Do Centro à Periferia ou uma Viagem Redonda. In: PAVIANI, Aldo. *Urbanização e Metropolização*. Brasília: Ed. UnB, 1987.

CASTRO, Ruy. *Ela É Carioca. Uma enciclopédia de Ipanema*. São Paulo: Companhia das Letras, 1999.

CIVITA, Victor. *Arte no Brasil*. São Paulo: Nova Cultural, 1986.

COHN, G. Problemas da Industrialização no Século XX. In: MOTA, C.G. *Brasil em Perspectiva*. São Paulo: Difel, 1975.

COUTO, R.C. *Brasília Kubitschek de Oliveira*. Rio de Janeiro: Record, 2001.

CONY, C.H. *JK: Como nasce uma estrela*. Rio de Janeiro: Record, 2002.

DURAND, Gilbert. *Campos do Imaginário*. Lisboa: Instituto Piaget, 1998.

FAUSTO, Boris. *História Concisa do Brasil*. São Paulo: Edusp, 2001.

FLAUSINO, M. C. A Voz Rouca das Manchetes. In: COSTA & MACHA-DO. *Imaginário e História*. Brasília: Paralelo 15, 1999.

FOUCAULT, Michel. *Microfísica do Poder*. 6ª. ed. Rio de Janeiro: Graal, 1986.

GORENDER, Jacob. *A Burguesia Brasileira*. São Paulo: Brasiliense, 1983.

GOUVÊA, L.A.C. *Brasília: a capital da segregação e do controle social*. São Paulo: Annablume, 1995.

GREMAUD, A.P.; SAES, F.A.M.; TONETO Jr., R. *Formação Econômica do Brasil*. São Paulo: Atlas, 1997.

GUARESCHI, P.A. et al. *Os Construtores da Informação: meios de comunicação, ideologia e ética*. Petrópolis: Vozes, 2000.

HIPPÓLITO, Lúcia. *De Raposas e Reformistas – o PSD e a experiência democrática brasileira (1945-64)*. Rio de Janeiro: Paz e Terra, 1985.

HOLANDA, Frederico. *O Espaço de Exceção*. Brasília: Ed. UnB, 2002.

LOPEZ, L.R. *História do Brasil Contemporâneo*. Porto Alegre: Mercado Aberto, 1980.

KUBITSCHEK, J. *Por Que Construí Brasília*. Rio de Janeiro: Bloch, 1975.

LESSA, Barbosa. *Nova História do Brasil*. Porto Alegre: Globo, 1967.

MACHADO, M.S.K. O Estrangeiro na Cidade. In: COSTA & MACHA-DO. *Imaginário e História*. Brasília: Paralelo 15, 1999.

MOTTA, Nelson. *Noites Tropicais*. Rio de Janeiro: Objetiva, 2000.

OLIVEIRA, José A. de. *Três faces de uma cidade*. Brasília: Secretaria de Comunicação. Sec. do Governo do Distrito federal, 1972.

ORTIZ, R. *A Moderna Tradição Brasileira*. São Paulo: Brasiliense, 1988.

_____ *Mundialização e Cultura*. 4ª. ed. São Paulo: Brasiliense, 2000.

RIBEIRO, Darcy. *O Povo Brasileiro. A formação e o sentido Brasil*. São Paulo: Companhia das Letras, 1995.

SAMPAIO, Aluysio. *Brasil, Síntese da Evolução Social*. 2ª. ed. São Paulo: Hucitec, 1974.

SANTOS, Joaquim Ferreira. *Feliz 1958. O ano que não devia terminar*. Rio de Janeiro: Record, 1998.

SCHORSKE, Carl E. *Pensando com a História: indagações na passagem para o modernismo*. São Paulo: Companhia das Letras, 2000.

SEVCENKO, N. A capital irradiante: técnica, ritmos e ritos do Rio. In: NOVAIS, F. *História da Vida Privada no Brasil*. 4ª. ed. n. 3. São Paulo: Companhia das Letras, 2001.

SILVEIRA, D.P.F. Gestão Territorial do Distrito Federal: trajetórias e tendências. In: PAVIANI, A. *Brasília – Gestão Urbana: conflitos e cidadania*. Brasília: Ed. UnB, 1999.

SKIDMORE, T. *Brasil, de Getúlio a Castelo*. São Paulo: Paz e Terra, 1982.

SODRÉ, N.W. *Brasil Radiografia de um Modelo*. 2ª. ed. Petrópolis: Vozes, 1975.

_____ *Síntese da História da Cultura Brasileira*. 4ª. ed. Rio de Janeiro: Civilização Brasileira, 1976.

_____ *História da Burguesia Brasileira*. Rio de Janeiro: Civilização Brasileira, 1976.

STEINBERGER, M. Formação do aglomerado urbano de Brasília no contexto nacional e regional. In: PAVIANI, A . *Brasília – Gestão Urbana: conflitos e cidadania*. Brasília: Ed. UnB, 1999.

TINHORÃO, J.R. *História Social da Música Popular Brasileira*. Lisboa: Caminho, 1990.

JORNAIS

Diário do Paraná, Curitiba, PR – 20.4.1960, 21.4.1960.

Gazeta do Povo, Curitiba, PR – 22.4.2004.

JORNAIS

Cruzeiro, 30 de abril, 1960; 7 de maio, 1960; 21 de maio, 1960.

Manchete, 7 de maio, 1960.

Veja, 25 de agosto, 1976

Retrato do Brasil, Editora Três, São Paulo, nos 2; 16; 39; 43.

ENTREVISTA

Com a autora Delza Faria Lima, Curitiba, 17.4.2004.

SOBRE A AUTORA

Nadir Domingues Mendonça é natural de Pedro Osório, RS. Doutora em Ciências e História Social pela USP e Mestre em História da Cultura Iberoamericana pela PUC/RS. Professora universitária, aposentada da UFMS, leciona atualmente na Faculdade Metropolitana de Curitiba, em São José dos Pinhais. É redatora-chefe da revista eletrônica *Conhecimento Interativo*. É autora de vários livros, entre eles, *O Uso dos Conceitos*, Petrópolis: Vozes. 4ª ed. e *Organização Social Do Brasil*. Bagé, RS.: Ed. Funba.

CTP, IMPRESSÃO e ACABAMENTO

Av. Alexandre Mackenzie, 619 - Jaguaré - SP - CEP 05322-000
Tel.: (11) 6099 7799 (PABX) - ramais 1408 - 1411 - São Paulo - Brasil